Jean-Jacques Rousseau

Discours
sur les sciences
et les arts

Texte présenté,
établi et annoté
par François Bouchardy

Gallimard

Dans la même collection

DISCOURS SUR L'ORIGINE ET LES FONDEMENTS DE L'INÉGA
LITÉ PARMI LES HOMMES, *édition établie par Jean Starobinski, n° 18.*

ESSAI SUR L'ORIGINE DES LANGUES, *édition établie par Jean Starobinski.
n° 135*

DU CONTRAT SOCIAL précédé de DISCOURS SUR L'ÉCONOMIE
POLITIQUE, DU CONTRAT SOCIAL (première version) et suivi de
FRAGMENTS POLITIQUES, *édition établie par Robert Derathe, n° 233*

ÉMILE OU DE L'ÉDUCATION, *texte établi par Charles Wirz, présenté et annoté
par Pierre Burgelin, n° 281*

Jean-Jacques Rousseau (Genève, 1712 - Ermenonville, 1778), dont la mère mourut à la naissance, est issu d'une famille d'origine française et fut élevé dans la tradition protestante. Il prit goût aux ouvrages romanesques et à la lecture de Plutarque. Après des années d'apprentissage, il rencontra Mme de Warens et rejoignit sa protectrice à Chambéry, enfin aux Charmettes (1732-1741). Il s'y livra avec passion aux études musicales et à la lecture. À Paris (1742-1749), il se lia avec Diderot et collabora à l'*Encyclopédie*. Une première célébrité littéraire lui vint avec la thèse paradoxale soutenue dans le *Discours sur les sciences et les arts* (1750). Bientôt le *Discours sur l'origine de l'inégalité* (1755) exerça une influence considérable sur la pensée politique et fonda la réputation de l'auteur. Fidèle à son système, Rousseau rejeta les raffinements de la civilisation en condamnant le théâtre, école de mauvaises mœurs, dans la *Lettre à d'Alembert sur les spectacles* (1758), qui lui aliéna l'amitié des philosophes, déjà hostiles après sa brouille avec Diderot et Mme d'Épinay. Recueilli par M. et Mme de Luxembourg, il acheva *Julie ou la Nouvelle Héloïse* (1761), roman épistolaire d'un retour à la vie naturelle, qui connut un immense succès. Puis, soucieux de préciser son idéal politique lié à ses conceptions de l'éducation, il publia *Du Contrat social* et l'*Émile* (1762), ouvrage pédagogique dont les idées religieuses furent condamnées, ce qui l'obligea à des années d'errance. Vivant dès lors dans la hantise d'un complot dirigé contre lui et désirant, grâce à l'aveu de ses fautes, se justifier devant la postérité, il rédigea (1765 à 1770) *Les Confessions* (posthumes, 1782 et 1789) et évoqua ses souvenirs dans *Les Rêveries du promeneur solitaire*, composées de 1776 à sa mort. (On se reportera à l'ouvrage de Jean Starobinski, *Jean-Jacques Rousseau. La transparence et l'obstacle*, Paris, Gallimard, 1971.)

INTRODUCTION

JEAN-JACQUES ROUSSEAU a jugé sévèrement son premier *Discours :* tout au plus médiocre, à cause d'un défaut d'ordre et de logique, d'une phrase imparfaitement mesurée et harmonieuse. Il lui a reconnu cependant une importance considérable, à certains égards exceptionnelle, parce qu'il y déclarait publiquement une rupture et un engagement consécutifs à un bouleversement intérieur qui sans conférer au style toutes qualités lui donnait du moins force et chaleur. La célébrité longtemps désirée, vainement poursuivie, il l'obtenait alors qu'il ne l'espérait plus guère. Elle lui traçait la voie nouvelle où persévérer; il allait y trouver succès et tribulations.

Rousseau a raconté les circonstances d'où sortit sa composition en des passages souvent cités de ses écrits autobiographiques : la lettre du 12 janvier 1762 à Malesherbes, le livre VIII des *Confessions,* le deuxième *Dialogue* et la troisième *Promenade.* Ces témoignages s'accordent sur tout l'essentiel : il allait voir son ami Diderot, prisonnier à Vincennes pour délit de presse. En cours de route, il se mit à feuilleter le dernier numéro du *Mercure de France.* « Je tombe sur la question de l'Académie de Dijon qui a donné lieu à mon premier écrit. Si jamais quelque chose a ressemblé à une inspiration subite, c'est le mouvement qui se fit en moi à cette lecture; tout à coup je me sens l'esprit ébloui de mille lumières; des foules d'idées vives s'y presenterent à la fois avec une force et une confusion qui me jetta dans un trouble inexprimable »... Il écrivit au crayon sur le lieu même de l'illumination la prosopopée de Fabricius et, en arrivant à Vincennes, il la lut à Diderot. « Celui-ci m'exhorta de donner l'essor à mes idées et de concourir au prix.

Je le fis, et dès cet instant je fus perdu. Tout le reste de ma vie et de mes malheurs fut l'effet inévitable de cet instant d'égarement. »

« Égarement », « malheureuse question » *(IIe Dialogue)*, « heureux hasard » *(Lettre à Malesherbes)*. Le contraste des qualificatifs ne fait pas difficulté. Rousseau ne saurait tenir pour un malheur la révélation de vérités libératrices mais, expérience faite, il déplore une entreprise d'écrivain qui lui valut tant de déboires et de persécutions. Le destin qui lia l'une à l'autre décidait du présent sans laisser prévoir l'avenir. En ce sens — inévitablement — il l'égara.

Pour « l'autre homme » qu'il était devenu subsistait la possibilité de parler ou de se taire; non pas de dire indifféremment, en toute tranquillité d'esprit, *oui* ou *non*. Diderot l'encouragea à parler, le soutint de ses conseils. Jean-Jacques n'a jamais prétendu que « l'illumination », quel qu'ait été son effet immédiat, avait supprimé la nécessité d'un dévoilement progressif de la vérité. Pas davantage il n'a nié le bénéfice moral et littéraire qu'il avait retiré des bons offices de Diderot. Mais celui-ci s'est vanté d'un service de plus de conséquence, d'avoir aiguillé, au cours de leur entretien, dans le sens du paradoxe (un paradoxe un peu fatigué, du reste), un Rousseau indécis ou disposé à prendre la voie du *pour* non celle du *contre*. Cette version il l'a répandue dans son entourage, les sociétés où il pénétrait : celle de Mme de Graffigny (au témoignage d'Iselin, *Tagebuch,* juin 1752), celle du baron d'Holbach (au témoignage de Marmontel, de Morellet dans leurs *Mémoires*), celle du prince de Galitzin (au témoignage de Mme de Charrière : *Éclaircissements relatifs à la publication des Confessions de Rousseau*).

Les témoignages qu'il a inspirés, comme ses propres témoignages écrits *(Réfutation suivie de l'ouvrage d'Helvétius intitulé l'Homme, Essai sur les Règnes de Claude et de Néron),* sont inconciliables, en leur sens profond, avec ceux de J.-J. Rousseau. Il faut essayer de déterminer la valeur respective des uns et des autres.

L'auteur des *Lettres Péruviennes* (Iselin l'a-t-il bien entendu ?) aurait déclaré, sans malveillance d'ailleurs, que Rousseau commença d'écrire pour le prix, incertain de l'opinion qu'il défendrait. Diderot intervenant aurait dissipé son incertitude. Marmontel parle de Rousseau, lui, en adversaire, à un adversaire (Voltaire). Il nous ramène à la conversation de Vincennes, antérieure, naturellement, à toute rédaction. Quel parti prendrez-vous, aurait demandé Diderot, et Rousseau aurait répondu (étonné de la question ?) : le parti de l'affirmative... « C'est le pont aux ânes, lui dis-je. — Vous avez raison, me dit-il, après y avoir réfléchi un moment... je suivrai votre conseil. » D'après Morellet, Rousseau aurait commencé à justifier oralement déjà sa prise de position pour l'affirmative. Diderot l'aurait interrompu pour lui montrer, dans un discours improvisé, le champ plus vaste, plus fertile que lui ouvrait la thèse contraire. Il se serait sans plus d'hésitation détourné du « pont aux ânes ». Quant à Mme de Charrière son amitié pour Rousseau n'a pas fortifié sa mémoire, assuré ses souvenirs : Diderot, qu'elle se rappelle sous l'aspect de Tartufe, aurait confirmé en somme la version de Rousseau, sauf qu'il lui rendait plus saillante sa réponse à Rousseau : « Quel parti me conseillez-vous de prendre » — Belle demande ! Celui que personne ne prendra ! — La réserve est de trop. — Ou elle annule la confirmation... (Cf. Ph. GODET, *Madame de Charrière et ses amis*, t. I, p. 432.)

Ces témoignages, imparfaitement accordés, devraient trouver leur correction et leur accord définitif dans le témoignage écrit, direct, de celui qui les dicta ou les inspira. Ce n'est pas tout à fait le cas... Quand il le produit et répète (*Réfutation* de l'ouvrage posthume d'Helvétius : *L'Homme* et *Essai sur les Règnes de Claude et de Néron*), non seulement depuis plusieurs années les liens de l'amitié sont rompus, mais il redoute la publication des *Confessions*.

Rousseau, dit-il, est venu le voir et « par occasion » le consulter sur la question de l'Académie de Dijon. — « Il n'y a pas à balancer lui dis-je, vous prendrez le parti que personne ne prendra. — Vous avez raison me répondit-il et il travailla dans ce sens » (*O.C.*, éd. Assezat et Tourneux, t. II, p. 285). Et ailleurs : ... « Il vint me consulter sur le parti qu'il prendrait. » — La consultation n'est plus occasionnelle. — « Le parti que vous prendrez, lui dis-je, c'est celui que personne ne prendra. — Vous avez raison, me répliqua-t-il » (*Ibid.*, t. III, p. 98). C'est tout; et c'est peu clair, le futur du verbe reste équivoque (est-ce un ordre, un conseil, une prévision ?...). Pas de rédaction commencée — pas de discours esquissé par l'un ou l'autre des interlocuteurs. (Ils auraient joué en l'occurrence un rôle peu reluisant.) Rousseau serait venu non en visiteur mais en consultant. Un mot aurait suffi pour qu'il s'engageât sur la route opposée à celle où déjà il s'avançait ! !

« Je n'empêche, au reste, ceux qui aimeraient mieux l'en croire (Rousseau) que Diderot et toute la société du baron d'Holbach de se contenter en cela; mais je rapporte ma conviction qui a été de bonne foi » (Morellet). Conviction très ferme ? Face à Diderot et à ses partisans dont aucun n'était présent à Vincennes, Rousseau, nous semble-t-il, exprime la vérité. A-t-il dramatisé les deux moments de l'épisode (sur la route, à la prison), c'est possible, probable. Mais son récit circonstancié, ses commentaires précis, qui ne revêtent aucun caractère polémique, ne subissent aux différents moments de sa vie où il les reprend aucun changement important, ne comportent aucune contradiction.

Diderot contre Helvétius nie que le hasard ait fait de Rousseau un écrivain éloquent. Il l'était de nature. L'étincelle, la question académique, dit-il, n'a pas fait le baril de poudre à canon ou d'or fulminant. Mais il croit que cette force explosive était purement verbale, qu'aucune conviction ne lui imprimait sa direction et son point de frappe. Dupe des mots et des sophismes qu'ils véhiculent, Rousseau selon l'expression de Morellet aurait dès lors pris le masque. Nous touchons ici à l'invraisemblance. Quels que soient chez l'homme en général, chez Rousseau en particulier, la faculté de dissimulation et de simulation, le besoin ou le goût des attitudes, nous ne saurions admettre qu'il ait joué cette comédie prolongée afin de dérober constamment l'homme derrière l'acteur. Malgré le pouvoir reconnu des mots sur les sentiments, du succès sur le comportement et les actes, nous ne saurions admettre qu'à la suite du premier *Discours* Rousseau ait développé son « système » par jeu, complaisance ou duperie.

M. Henri Gouhier a distingué, à propos de Maine de Biran, une *évolution*, c'est-à-dire un développement

régulier d'éléments préformés, d'une *conversion,* c'est-à-
dire une création (quel que soit le créateur) résultant
d'une intuition imprévisible. Entre ces cas à l'état pur, il
s'en présente de moins purs, sans doute, où concourent
des éléments liés dans une progression intelligible et
d'autres où la cause occasionnelle ne dissipe pas le
mystère d'une cause plus efficace. Quel rapport nécessaire
d'une question académique à cette émotion boulever-
sante d'un lecteur en promenade ?

A dénombrer et reconnaître une série de faits et de
textes antérieurs à l'automne 1749, se dessine une explication partielle, se devine une promesse — qui sera tenue
ou non. A considérer sa vie aventurière, aux situations
contrastées, ses aptitudes et ses mécomptes, ses prétentions et ses déceptions, ses essais mal dirigés en des
milieux où il n'est pas à l'aise, surtout à se rappeler ses
origines genevoises, son éducation, l'imprégnation de
son âme enfantine par l'atmosphère natale, on comprend
ce qui conditionna la conversion ou l'évolution de
Rousseau en 1749 — sans la nécessiter. Et reste indécise
la nature de son intuition ou de sa vision, comme aussi
ce qu'elle fit plus exactement de lui.

Faut-il y voir une expérience spécifiquement religieuse — voire mystique —, la commotion d'une âme
touchée, terrassée par la vérité, tirée par une main qui
ne cessera plus de faire sentir sa traction jusqu'à le ramener aux lieux de son enfance et à la foi ?

Faut-il y voir, de préférence, une expérience plus
métaphysique que religieuse, où se découvre le spectacle
d'un univers troublé, brisé par l'homme, où s'ouvrent
toutefois des perspectives vers l'ordre rétabli, l'unité
retrouvée ? D'autres entendent sur le chemin de Vincennes le chant joyeux d'une âme naturellement, progressivement amenée à s'affranchir, prenant conscience
dans la liberté de sa vraie personnalité « à la mesure du
monde, à la mesure du ciel, à la mesure de Dieu ». — Et
si cette victoire était illusoire ? Si au lieu de s'affranchir
Rousseau s'était alors fourvoyé, aliéné, livré à une puissance qui l'a fait dériver loin de sa vraie nature ? En
cédant à « l'étrange besoin » de prendre position n'a-t-il
pas effectué, simplement, une manœuvre de défense
rendue possible par une surcharge imaginaire ? Son ver-
tuisme extrémiste, à son insu peut-être, masquerait son

vrai visage. — Nous avons scrupule à inscrire à la suite de ces rappels sommaires, bien qu'y figurent des expressions empruntées, les noms de MM. Masson, Guillemin, Burgelin, Guéhenno, Starobinski. Nous n'avons pas pour objet, il va sans dire, de rendre compte de leurs analyses bien plus déliées et nuancées qu'il ne paraît ici, mais de souligner d'un trait appuyé la diversité d'interprétation de critiques et historiens récents et particulièrement autorisés.

Le premier *Discours,* selon nous, n'est pas essentiellement un manifeste religieux, malgré la proximité (?) de l'*Allégorie* sur la révélation. P.-M. Masson lui-même en convient. La prosopopée de Fabricius, témoignage immédiat de l'illumination, est en faveur de la Rome antique, païenne. Les compléments qu'apportent les réponses aux contradicteurs de Rousseau, surtout la réponse à Stanislas, ne changent pas le caractère du texte primordial. Le renoncement « au monde et à ses pompes », un peu postérieur, du reste, la suppression de tout luxe vestimentaire décrite avec complaisance ou ostentation dans les *Confessions* et la *IIIᵉ Promenade,* ne se confondent pas avec la retraite d'une âme pénitente et son régime d'austérité. Faut-il rappeler qu'à cette époque Rousseau se charge de conduites peu évangéliques ?... Il reste vrai pourtant que sur la route de Vincennes un fait s'est passé, analogue à une crise religieuse en ce sens qu'il ébranla toutes les puissances d'un homme, lui donna le sentiment d'être délivré, unifié, orienté. En conformité avec les principes de son éducation première, mieux avec des exigences quasi congénitales ? Ou en contradiction avec ses expériences les plus valables, ses aptitudes les plus foncières ? La réponse, à notre sens, ne saurait être toute simple et conclure à un triomphe de sa personnalité ou à sa défaite. Il faut reconnaître dans le cas de Rousseau une certaine ambiguïté d'inspiration et de vocation — ambiguïté de nature qui n'est pas rare — qui souvent, hélas, induit à sacrifier, sans vrai profit, une part de l'être.

« L'illumination », on peut en croire Rousseau, fut riche d'une richesse un peu confuse, ambiguë, où pouvaient trouver leur compte : satisfaction et impulsion, sinon le métaphysicien et le mystique, le poète et le moraliste pour qui bonté, pureté, simplicité, tour à tour, sont des appels et des exigences, des thèmes multiformes à développer et des valeurs à instaurer. En elle prévalaient déjà, plutôt que le chant, les rythmes et les couleurs, des idées et des principes qui imposent un style de vie. La vision de Lamartine sur la route de Naples, voire celle de Nietzsche à Saint-Moritz et sur la côte ligurienne étaient plus chargées d'éléments concrets (visuels, auditifs), non pas rassemblés, dirigés ou infléchis par le souci d'obtenir un effet pratique et prochain. Plus abstraite, celle de Rousseau dessinait tout au plus les linéaments d'une cité à l'architecture un peu composite, mais où il vivrait heureux, accordé avec soi-même et avec la société. En passant, partiellement, dans les formes du discours, cette intuition, pour gagner en énergie verbale s'appauvrit. L'élan porte Jean-Jacques trop loin, hors de la vérité, de *sa* vérité par l'effet d'une logique abusive, privative, dont on constate la présence en plus d'une page. Le moraliste semble frapper le poète d'ostracisme ou le supprimer. Pour en juger plus justement l'on se rappellera que le premier *Discours* n'épuise pas l'intuition, que Rousseau l'a déclaré inséparable du second et d'*Émile*. Que n'ajoute-t-il : de la *Lettre à d'Alembert*, de *La Nouvelle Héloïse* et du *Contrat social*, toutes œuvres auxquelles aujourd'hui cette espèce de discours-programme invite à se reporter pour le mieux comprendre.

Il a été composé en moins de six mois (octobre 1749-mars 1750). Les réponses aux réfutations sont données en moins d'une année (juin 1751-avril 1752). Travail d'un écrivain sans nonchalance; que l'on songe à l'état de santé de Jean-Jacques, aux inquiétudes, aux tracas de sa triste situation domestique. Que l'on songe enfin et surtout à la nécessité de rassembler au préalable une documentation suffisante.

Son père l'avait initié, prématurément, à l'histoire, à la littérature romanesque et morale. Adolescent, l'apprenti de Ducommun trompait sa fringale de lecture avec les livres de la Tribu. C'est à Chambéry surtout, et à Paris enfin, que l'autodidacte (qui n'a pas manqué de conseillers) constitua son « magasin d'idées » et de citations. Pour préparer son discours, il reprit, relut pour les mettre plus que tous autres à contribution, Plutarque et Montaigne. Le commentaire, nous l'espérons, permettra de mesurer l'étendue relative de son érudition : poètes, moralistes, historiens de l'antiquité, latine plutôt que grecque (il ne sait pas le grec), lui fournissent leur appui à des fins diverses. Il n'ignore pas complètement les Pères de l'Église; à cette part-là de ses lectures la critique, sauf erreur, n'a jamais donné d'attention. En revanche, elle a souvent relevé le bénéfice (variable) qu'il a pu retirer de nombre d'écrivains modernes, Bossuet et Fénelon, Malebranche, Montesquieu; d'écrivains moins célèbres : Rollin, Claville, Saint-Aubin, etc. A s'arrêter au simple dénombrement des livres, sources certaines ou hypothétiques, l'on risque de méconnaître dans quelle intention il y puise. Les académiciens de Dijon avaient posé une question relevant principalement de l'histoire et l'avaient circonscrite assez clairement dans le temps et dans l'espace. En traitant un sujet apparemment plus général (lettre à Raynal : *C.G.*, t. I, p. 317), et plus ambitieux, Rousseau obéissait à des préoccupations effectivement plus limitées qui n'étaient pas principalement d'un historien, mais d'un moraliste, d'un critique et d'un réformateur politique et social

C'est la rédaction qui lui cause le plus de peine, des peines incroyables (cf. *Confessions*, *O.C.*, Pléiade, t. I, p. 352). Il lui consacrait les insomnies de ses nuits, tournant et retournant ses périodes en sa tête; au lever, il était incapable de s'en souvenir pour les écrire. Afin d'éviter ou de réduire les pertes, il s'avisa de les dicter de son lit à la mère de Thérèse qui venait au matin allumer son feu et « faire son petit service ». Nous n'avons pas les manuscrits du premier *Discours* qui permettraient de suivre dans les états successifs du texte les changements et les progrès du style; mais nous savons que Jean-Jacques n'était pas un écrivain à se vite satisfaire. A défaut du *Discours*, la *Lettre à M. Grimm* dont nous avons un brouillon en apporte la preuve.

Avant d'être envoyé à Dijon, le manuscrit fut soumis à Diderot qui « indiqua quelques corrections ». En juillet, Rousseau apprenait son succès, inespéré. Il songea à l'impression, sur un manuscrit nouveau, semblable au manuscrit couronné, à quelques notes et additions près.

Il avait eu l'intention, d'abord, de refondre et d'augmenter son texte. Incapable, à cause de la maladie, de surveiller l'impression, il demanda à Diderot de s'en charger. Mais il fallait le permis des censeurs. Ceux-ci furent effrayés. « Ils s'imaginèrent que « l'éloquence funeste » dont cet auteur était malheureusement doué, lui donnerait des sectateurs », et qu'apparemment les Français allaient avoir une envie furieuse de se réduire incontinent à l'état d' « hommes bruts qui ne connaissent ni religion ni morale ». Ils firent une démarche auprès de Malesherbes, directeur de la librairie, le prièrent de « prendre des mesures pour étouffer dans son principe cette affreuse doctrine ». Malesherbes passa outre (BELIN, *Le mouvement philosophique de 1748 à 1789*, Paris, 1913, p. 78). Le discours imprimé, édité par Pissot, obtint un succès plus retentissant qu'un succès académique, de plus de conséquence. Diderot, le premier, informe son ami alité que son ouvrage « prend tout par dessus les nues; il n'y a pas d'exemple d'un succès pareil ». Le *Mercure* (décembre 1750) salue l'apparition d' « un des plus beaux discours académiques », les *Mémoires de Trévoux* (février 1751) l'honorent d'une analyse et d'une citation : la prosopopée de Fabricius, et à la fin de la même année, ils parleront encore de son « apparition éclatante ». A trois ans de distance, la *Correspondance littéraire* de Grimm (15 février 1754) rappellera qu'il avait fait « une espèce de révolution à Paris » et qu'il avait établi la réputation d'un écrivain aux talents encore inconnus.

Le bruit se répand aussitôt dans toute la France et gagne l'étranger : Genève, la Suisse, l'Allemagne, la Hollande, comme l'ont montré G. R. Havens et A. François (édition du premier *Discours* — *Annales J.-J. R.*, t. XXXI), et des échos s'en perçoivent jusqu'à la fin du siècle.

Il se trouvait attesté, justifié presque aussitôt par un passage du *Discours Préliminaire de l'Encyclopédie*, c'est-à-dire au seuil de l'édifice que l'on élevait à la gloire des sciences et des arts. Aux yeux des contradicteurs eux-mêmes, les défauts du texte, l'erreur de sa thèse, n'offusquaient pas ses exceptionnelles qualités de forme et de pensée.

Réserves, objections, réfutations se mêlant ou succédant aux approbations et aux louanges, Rousseau se sentit obligé de préciser sa pensée, de la compléter, de la tempérer aussi, en une série d'écrits qui s'ouvre avec la lettre à Raynal (juin 1751), se termine avec les réponses à Bordes et à Lecat (printemps 1752), ou plutôt se terminerait alors, s'il n'y fallait joindre la *Préface de Narcisse* (fin de 1752) et une préface restée inédite jusqu'au XIXᵉ siècle d'une seconde lettre à Bordes qui n'a pas été écrite.

Narcisse et sa préface ont trouvé leur place dans le tome II de la présente édition. La préface d'une seconde lettre à Bordes sera donnée, comme il convient, à la suite des réponses de Rousseau. On aurait grand tort de négliger cette série d'écrits si l'on veut pénétrer plus avant dans une pensée qui s'explicite, s'éclaire et se complète progressivement. C'est ainsi que Rousseau, malgré son admiration vivace pour les cités antiques, reconnaît l'irréversibilité de l'histoire. C'est ainsi qu'aux images si souvent évoquées de Sparte et de Rome il joint l'image « prodigieuse » de la prédication apostolique et qu'à côté de la sagesse païenne (et par intermittence au-dessus d'elle) il place la sagesse de l'Évangile. Ses préoccupations de pédagogue, d'éducateur, en corrélation avec ses préoccupations sociales gagnent en importance; et surtout apparaît dans une lumière déjà vive sa conception optimiste de l'homme. Le *Discours* dotait les âmes simples de « la science sublime » du bien dont les principes sont gravés dans tous les cœurs. Les *Observations,* tout en mesurant la distance qui sépare l'amour de la vertu, son adoration, de sa pratique, insistent sur l'innocence naturelle de « l'âme pure et contente de soi ». La *Dernière réponse* enfin oppose à « l'absurdité » de la thèse traditionnelle le sentiment personnel de Rousseau, sentiment à ses yeux irrécusable, irréfutable, que l'homme est naturellement bon. Les écrits polémiques permettent, en outre, d'apprécier les ressources de l'écrivain, capable de changer le ton, de l'accommoder à l'adversaire qu'il combat. Ainsi que l'y invitait Raynal, il quittera « l'habit de cérémonie qu'exigent les discours académiques »; il renoncera aux procédés d'une rhétorique assez emphatique (impératif, interrogation oratoire, apostrophe, prosopopée), emploiera un vocabulaire plus simple, une syntaxe moins guindée. La longue prétérition de la *Lettre à Grimm* n'est qu'un jeu où l'ironie, d'une visée plus précise, gagne en efficacité critique et satirique. La phrase sèche, nerveuse ici ou là, glisse vers l'apophtegme ou la formule arithmétique à la façon de Montesquieu. Aussi le *Mercure* jugeait-il la *Réponse à Bordes* supérieure à tout ce que Rousseau avait écrit sur la question. La *Correspondance littéraire* de Grimm y trouvait, comme dans la réponse au roi de Pologne, « des choses admirables et même sublimes ». Le dossier de la polémique, à tout le moins, précise la position respective de Jean-Jacques et de ses contradicteurs : les étonnements de ceux-ci devant les affirmations assez insolites et les audaces de celui-là, mis en verve par la contradiction. On s'est étonné de son refus de l'histoire, de son admiration pour le passé, de sa sévérité envers le présent. Au vrai, c'est l'avenir qu'il envisage et qu'il prépare. On l'accuse de rompre les liens sociaux, de réprouver les relations mondaines qui mettent tant de charme dans l'existence; c'est au mensonge qu'il s'en prend, à cet art de plaire qui anémie, fait mourir toute vie intérieure ou lui superpose, au point de la rendre incommunicable, des apparences, des propos et des gestes conventionnels. Le scepticisme jouisseur ronge la foi patriotique et religieuse, condition d'une communauté véritable d'où les inégalités choquantes seraient exclues, qui présentement, consacrées par les institutions, favorisent des privilégiés sans mérite. On s'étonne sans bien comprendre. Le rapporteur du concours, ses confrères, bourgeois peu fortunés, honnêtes gens et bons chrétiens, se sont attardés à l'aspect moral du texte non à son inspiration politique et sociale (M. Bouchard, *L'Académie de Dijon et le premier Discours*, p. 97; *De l'Humanisme à l'Encyclopédie*, p. 613). Ceux qui regimbent aux condamnations prononcées par Rousseau n'en devinent pas les vrais considérants, informulés. Eux demeurent à l'aise dans un monde où Rousseau, lui, respire trop mal pour ne le pas assainir ou quitter. Ils comprennent imparfaitement cette recherche d'un style de vie, de civilisation, d'expression, dont lui-même, d'ailleurs, ne donne pas tout de suite la règle ou l'image. Reconnaissons que la confusion dont s'enveloppent les termes (sciences, arts), la brutalité des jugements, ne facilitent

pas l'intelligence, l'accueil sympathique de sa pensée.
L'empêchement provient aussi du flagrant désaccord que
l'on constate entre la thèse qu'il soutient et les activités
auxquelles il se livre : homme de lettres, il attaque
la littérature; amateur de spectacles, il dénonce les
méfaits du théâtre; adversaire des sciences et des arts,
il concourt pour un prix académique !

Il est un moyen de réduire ce désaccord, d'en effacer
le scandale, c'est de ne pas prendre au sérieux son réquisitoire, qui serait un jeu qui ne tire pas à conséquence.
Rousseau a copié quelques lignes de la chronique pour
1751 de l'Académie des Inscriptions et Belles-Lettres.
« Nous seroit-il permis de dire que les Juges qui ont
couronné cet ouvrage auroient peut-être dû n'adjuger le
prix à l'Auteur qu'en exigeant de lui qu'il défendît
par un second discours la thèse qu'il a si bien attaquée
par le premier ». Le chroniqueur considère ce premier
ouvrage comme la démonstration d'un habile rhéteur ou
d'un sophiste qui, avec une égale aisance et autant de
brillant, soutiendrait le *pour* après le *contre*. Plus d'un,
mise à part l'étrange condition timidement posée pour
l'attribution du prix, se demandera, à l'exemple du roi
Stanislas — et du chroniqueur, si ce n'est pas là simple
paradoxe pour amuser le public, « un roman ingénieux »
dont l'auteur ne croit pas ce qu'il feint de vouloir persuader (Recueil Mevius, pp. 62-63). Les inconséquences
de J.-J. Rousseau fourniront un argument indéfini-
ment répété, on le sait, contre sa bonne foi, et sa foi,
frappant ainsi de suspicion ou de discrédit ses idées,
rendant ses attaques singulièrement moins efficaces.
L'argument le touche, l'irrite. Il y revient dans la préface
de *Narcisse* (décembre 1752) où il essaie de le ruiner, de
sauver sa sincérité en s'appuyant sur des distinctions
plus ou moins recevables. Sa conduite, dit-il, ne saurait
rien prouver contre la vérité de ses paroles et la sincérité
de ses sentiments. Les termes sont arbitrairement fixés
en cette position. Il suffirait de rapprocher paroles de
conduite pour que la phrase se retournât contre le critique acerbe de l'hypocrisie mondaine. Telle quelle ne
va-t-elle pas consacrer une disjonction qui l'afflige, une
contradiction qu'il a expressément condamnée ? — Dis-
tinguons, ajoute-t-il, les temps ou les situations. La situation historique présente ne peut qu'arrêter les ravages du

mal non pas permettre l'action du bien; sa situation personnelle de malade, de moribond l'autorise à employer des calmants, des palliatifs. Les arts et les sciences retrouvent dans ce rôle de palliatifs une licéité, non pas une fonction glorieuse.

Une autre distinction qu'il suggère, constamment sous-entend, semblera mieux fondée, propre à effacer ou estomper la faute dont on l'accuse, dont il s'accuse. Il a renoncé aux lettres. Il l'a confié à Voltaire (30 janvier 1750 — les dates importent). Ne pouvant vaincre son penchant d'écrivain, il a décidé, du moins, de n'écrire que pour soi (à Raynal 25 juillet 1750). *L'Allée de Silvie* (publiée dans le *Mercure* de septembre 1750 mais composée plusieurs années auparavant), qui ne paraît que parce qu'il a été pressé par Raynal, n'engage que son passé. De même la représentation de *Narcisse*. Le *Discours* engage son présent et son avenir (« mon premier écrit »). En le composant et en le publiant il n'oublie pas sa renonciation, il ne rejoint pas le groupe des gens de lettres : « Tout homme qui s'occupe de talents agréables veut plaire, être admiré plus qu'un autre ». Or lui, maintenant, n'écrit plus par amour-propre, pour acquérir, complaisant aux lecteurs, « la gloriole littéraire » (cf. *III*e *Promenade*, *O.C.*, Pléiade, t. I, pp. 1015-1016); il connaît assez la bêtise de la vanité pour n'y plus céder. Un échec *(Narcisse)* ou un succès *(Le Devin)* ne lui sont guère qu'une occasion d'exercer sa « vertu ». Les écrits de l'homme nouveau sont autant d'actions apostoliques ou missionnaires, désintéressées (cf. *VIII*e *Promenade*, *ibid.*, p. 1079). Illusion ou subtil mensonge d'une âme compliquée ? Rousseau eût écarté plus sûrement le soupçon ou le reproche s'il n'avait pas adopté dès lors des attitudes compassées, forcées, le « ton romain » (*Confessions*, *O.C.*, Pléiade, t. I, p. 376), s'il n'avait pas employé une dialectique tour à tour retorse et raide qui le dispense de mettre tout en place, à sa place.

En vérité, comme il ne condamne pas la science des vrais savants mais se défie d'une diffusion inconsidérée des connaissances, des « lumières », au détriment de l'éducation des caractères, il rend hommage aux génies « qui ont posé les fondemens inébranlables du temple des Muses et du grand édifice philosophique », mais il n'a que dédain pour les beaux esprits et « leurs jolis

châteaux de cartes » (A Marcet de Mézières, _C.G._, t. I,
p. 312). En même temps qu'il récuse le « mauvais goût »
régnant, celui des grâces mignardes, de la frivolité
aristocratique, qui empêche une littérature, un art plus
robuste accordés à une société plus saine, il exprime
sa haine de « l'esclavage », son amour de la liberté. Et il
tourne un œil d'envie du côté de Genève : « Vous ne
vous êtes point trompé en croyant appercevoir un cœur
pénétré dans ma manière seule d'employer le mot de
patrie. Je vous sais un gré infini de cette observation....
Que vous êtes heureux de vivre au sein de votre famille
et de votre Païs, d'habiter parmi des hommes et de
n'obéir qu'aux Loix, c'est à dire, à la raison ! » (28 mai
1751).

Mieux qu'un regard tourné vers Genève, c'est un
premier pas qui l'en rapproche. Le premier _Discours_ ne
se sépare pas du second, dans l'ordre des faits biogra-
phiques, dans l'ordre des productions littéraires (et
celles-ci ne sont plus de la « littérature »). A le détacher
de son contexte biographique, il perdrait sans doute la
majeure partie de son intérêt auprès du lecteur d'aujour-
d'hui. Une réponse convenable, pertinente à la question
posée par les académiciens de Dijon, ou telle qu'elle
était traitée par Rousseau, supposerait à ses yeux un
équipement érudit, une méthode et une rigueur d'analyse
dont Rousseau (ni ses juges) ne sentait guère la nécessité. Et pourtant... Le mouvement accéléré de l'histoire,
les transformations survenues depuis deux siècles, depuis
quelques années surtout, donnent à une question posée
autrefois un aspect démodé, légèrement ridicule. Affaire
de vocabulaire, peut-être. Il suffit de la traduire en
d'autres mots pour se rendre compte qu'indépendante
des circonstances, elle se rattache à un fond d'inquiétude
quasi permanente. A sciences, arts et mœurs... substi-
tuons culture et moralité, société et liberté, sociabilité et
originalité, science technique et sagesse... L'homme
n'a pas fini de dresser la liste de ces couples de mots (qui
recouvrent des réalités), qui se contrarient mutuellement,
et de chercher à faire tenir dans une coexistence sans
heurts, mieux : à unir dans une harmonie heureuse, des
activités qui sont autant d'exigences de sa nature... Il
faut deviner dans sa diatribe l'inquiétude, le trouble de
Rousseau, ses aspirations; de ses propos hyperboliques

dégager d'utiles suggestions. Sa réponse alors reprend signification et valeur pour nous.

A parcourir notre commentaire, le lecteur se rendra compte de tout ce que nous devons à ceux qui nous ont précédé dans l'étude du premier *Discours* de Jean-Jacques. Nous aurions désiré faire hommage de notre travail à Alexis François qui, avec une rare générosité, nous avait mis au bénéfice de ses propres recherches, nous apportant des renseignements positifs, nous indiquant des points à élucider. Nous regrettons que son article des *Annales* sur *le Premier Discours en Suisse* n'ait pas été complété par un article sur le premier *Discours en Europe* pour lequel il avait déjà rassemblé des matériaux.

Nous exprimons notre vive gratitude à MM. B. Gagnebin et M. Raymond, conseillers avisés qui, dans la direction qu'ils ont assumée, ont le souci et la volonté de garantir l'unité de l'œuvre commune et de respecter la liberté de leurs collaborateurs.

Mlle Pfister a eu l'amabilité, dont nous la remercions, d'assurer la transcription correcte de quelques pages du *Mercure*.

FRANÇOIS BOUCHARDY.

DISCOURS

qui a remporté le prix
à l'Academie de Dijon.
En l'année 1750.

Sur cette Question proposée par la même Académie :
Si le rétablissement des Sciences et des Arts a
contribué à épurer les mœurs[1].

Par un Citoyen de Genève *(a)*[2].

Barbarus hic ego sum quia non intelligor illis.
Ovid. *(b)*[3]

PRÉFACE.

*V*OICI *une des grandes et des plus belles questions qui ayent jamais été agitées (a). Il ne s'agit point dans ce Discours de ces subtilités métaphysiques qui ont gagné toutes les parties de la Littérature, et dont les Programmes d'Académie ne sont pas toujours exemps ; mais il s'agit d'une de ces vérités qui tiennent au bonheur du genre humain.*

Je prévois qu'on me pardonnera difficilement le parti que j'ai osé prendre. Heurtant de front tout ce qui fait aujourd'hui l'admiration des hommes, je ne puis m'attendre qu'à un blâme universel ; et ce n'est pas pour avoir été honoré de l'approbation de quelques Sages[1], que je dois compter sur celle du Public : Aussi mon parti est-il pris ; je ne me soucie de plaire ni aux Beaux-Esprits, ni aux Gens à la mode. Il y aura dans tous les tems des hommes faits pour être subjugués par les opinions de leur siécle, de leur Pays, de leur Société : Tel fait aujourd'hui l'Esprit fort et le Philosophe, qui, par la même raison n'eût été qu'un fanatique du tems de la Ligue. Il ne faut point écrire pour de tels Lecteurs, quand on veut vivre au-delà de son siécle.

Un mot encore, et je finis. Comptant peu sur l'honneur que j'ai reçu, j'avois, depuis l'envoi, refondu et augmenté ce Discours, au point d'en faire, en quelque maniére, un autre Ouvrage ; aujourd'hui, je me suis cru obligé de le rétablir dans l'état où il a été couronné. J'y ai seulement jetté quelques notes et laissé deux additions faciles à reconnoître[2], et que l'Académie n'auroit peut-être pas approuvées. J'ai pensé que l'équité, le respect et la reconnoissance exigeoient de moi cet avertissement (b).

DISCOURS.

Decipimur specie recti[1].

LE rétablissement des Sciences et des Arts a-t'il contribué à épurer ou à corrompre les Mœurs[2] ? Voilà ce qu'il s'agit d'examiner. Quel parti dois-je prendre dans cette question ? Celui, Messieurs, qui convient à un honnête homme qui ne sait rien, et qui ne s'en estime pas moins.

Il sera difficile, je le sens, d'approprier ce que j'ai à dire au Tribunal où je comparois. Comment oser blâmer les Sciences devant une de plus savantes Compagnies de l'Europe[3], loüer l'ignorance dans une célebre Académie, et concilier le mépris pour l'étude avec le respect pour les vrais Savans ? J'ai vu ces contrariétés; et elles ne m'ont point rebuté. Ce n'est point la Science que je maltraite, me suis-je dit; c'est la Vertu que je défends devant des hommes vertueux. La probité est encore plus chére aux Gens-de-bien, que l'érudition aux Doctes. Qu'ai-je donc à redouter ? Les lumieres de l'Assemblée qui m'écoute ? Je l'avoüe; mais c'est pour la constitution du discours, et non pour le sentiment de l'Orateur. Les Souverains équitables n'ont jamais balancé à se condanner eux-mêmes dans des discussions douteuses; et la position la plus avantageuse au bon droit, est d'avoir à se défendre contre une Partie intégre et éclairée, juge en sa propre cause.

À ce motif qui m'encourage, il s'en joint un autre qui me détermine : c'est qu'après avoir soutenu, selon ma lumiere naturelle, le parti de la vérité; quel que soit mon succès, il est un Prix qui ne peut me manquer : Je le trouverai dans le fond de mon cœur.

PREMIERE PARTIE.

C'EST un grand et beau spectacle de voir l'homme
sortir en quelque maniere du néant par ses propres
efforts[1]; dissiper, par les lumieres de sa raison, les téné-
bres dans lesquelles la nature l'avoit enveloppé; s'élever
au-dessus de soi-même (a); s'élancer par l'esprit jusques
dans les régions célestes; parcourir à pas de Géant
ainsi que le Soleil, la vaste étendue de l'Univers; et, ce
qui est encore plus grand et plus difficile, rentrer en soi
pour y étudier l'homme et connoître sa nature, ses devoirs
et sa fin. Toutes ces merveilles se sont renouvellées
depuis peu de Générations.

L'Europe étoit retombée dans la Barbarie des premiers
âges. Les Peuples de cette Partie du Monde aujourd'hui si
éclairée vivoient, il y a quelques siècles, dans un état pire
que l'ignorance. Je ne sais quel jargon scientifique, encore
plus méprisable que l'ignorance avoit usurpé le nom du
savoir, et opposoit à son retour un obstacle presque
invincible. Il falloit une revolution pour ramener les
hommes au sens commun; elle vint enfin du côté d'où
on l'auroit le moins attenduë. Ce fut le stupide Musul-
man, ce fut l'éternel fleau des Lettres qui les fit renaître
parmi nous. La chute du Trône de Constantin porta dans
l'Italie les débris de l'ancienne Grece. La France s'enri-
chit à son tour de ces précieuses dépouilles. Bientôt les
sciences suivirent les Lettres; à l'Art d'écrire se joignit
l'Art de penser; gradation qui paroît étrange et qui
n'est peut-être que trop naturelle; et l'on commença à
sentir le principal avantage du commerce des muses,
celui de rendre les hommes plus sociables en leur inspirant le desir de se plaire les uns aux autres par des ouvrages dignes de leur approbation mutuelle.

L'esprit a ses besoins, ainsi que le corps. Ceux-ci font
les fondemens de la société, les autres en font l'agrément.
Tandis que le Gouvernement et les Loix pourvoient à la

sûreté et au bien-être des hommes assemblés; les Sciences, les Lettres et les Arts, moins despotiques et plus
puissans peut-être, étendent des guirlandes de fleurs
sur les chaînes de fer dont ils sont chargés, étouffent en
eux le sentiment de cette liberté originelle pour laquelle
ils sembloient être nés, leur font aimer leur esclavage et
en forment ce qu'on appelle des Peuples policés. Le
besoin éleva les Trônes; les Sciences et les Arts les ont
affermis. Puissances de la Terre, aimez les talens, et protégez ceux qui les cultivent*. Peuples policés, cultivez-
les : Heureux esclaves, vous leur devez ce goût délicat
et fin dont vous vous piquez; cette douceur de caractere
et cette urbanité de mœurs qui rendent parmi vous le
commerce si liant et si facile; en un mot, les apparences
de toutes les vertus sans en avoir aucune.

C'est par cette sorte de politesse, d'autant plus aimable
qu'elle affecte moins de se montrer, que se distinguerent
autrefois Athénes et Rome dans les jours si vantés de
leur magnificence et de leur éclat : c'est par elle, sans
doute, que notre siécle et notre Nation l'emporteront
sur tous les tems et sur tous les Peuples. Un ton philosophe sans pédanterie, des manieres naturelles et pourtant prévenantes, également éloignées de la rusticité
Tudesque et de la Pantomime ultramontaine : Voilà les
fruits du goût acquis par de bonnes études et perfectionné
dans le commerce du Monde.

Qu'il seroit doux de vivre parmi nous, si la contenance
extérieure étoit toûjours l'image des dispositions du
cœur; si la décence étoit la vertu; si nos maximes nous
servoient de régles; si la véritable Philosophie étoit inséparable du titre de Philosophe ! Mais tant de qualités

---

* Les Princes voyent toujours avec plaisir le gout des Arts
agréables et des superfluités dont l'exportation de l'argent ne resulte
pas, s'étendre parmi leurs sujets. Car outre qu'ils les nourrissent
ainsi dans cette petitesse d'âme *(a)* si propre à la servitude, ils
savent très-bien que les besoins que le Peuple se donne, sont
autant de chaînes dont il se charge. Alexandre, voulant maintenir
les Ichtyophages dans sa dépendance, les contraignit de renoncer
à la pêche et de se nourrir des alimens communs aux autres Peuples[1]; et les Sauvages de l'Amérique qui vont tout nuds et qui ne
vivent que du produit de leur chasse, n'ont jamais pu être domptés.
En effet, quel joug imposeroit-on à des hommes qui n'ont besoin
de rien ?

vont trop rarement ensemble, et la vertu ne marche
guéres en si grande pompe. La richesse de la parure
peut annoncer un homme opulent, et son élegance un
homme de goût; l'homme sain et robuste se reconnoit à
d'autres marques : c'est sous l'habit rustique d'un Laboureur, et non sous la dorure d'un Courtisan, qu'on trouvera la force et la vigueur du corps. La parure n'est pas
moins étrangére à la vertu qui est la force et la vigueur
de l'âme[1]. L'homme de bien est un Athléte qui se plaît
à combattre nud : Il méprise tous ces vils ornemens qui
gêneroient l'usage de ses forces, et dont la plus part
n'ont été inventés que pour cacher quelque difformité.

Avant que l'Art eut façonné nos maniéres et appris à
nos passions à parler un langage apprêté, nos mœurs
étoient rustiques, mais naturelles; et la différence des
procédés annonçoit au premier coup d'œil celle des
caractéres[2]. La nature humaine, au fond, n'étoit pas
meilleure[3]; mais les hommes trouvoient leur sécurité
dans la facilité de se pénétrer reciproquement, et cet
avantage, dont nous ne sentons plus le prix, leur épar-
gnoit bien des vices.

Aujourd'hui que des recherches plus subtiles et un
goût plus fin ont réduit l'Art de plaire en principes, il
régne dans nos mœurs une vile et trompeuse unifor-
mité, et tous les esprits semblent avoir été jettés dans
un même moule : sans cesse la politesse exige, la bienséance ordonne : sans cesse on suit des usages, jamais son
propre génie. On n'ose plus paroître ce qu'on est; et
dans cette contrainte perpétuelle, les hommes qui
forment ce troupeau qu'on appelle société, placés dans
les mêmes circonstances, feront tous les mêmes choses
si des motifs plus puissans ne les en détournent. On ne
saura donc jamais bien à qui l'on a affaire : il faudra donc,
pour connoitre son ami, attendre les grandes occasions,
c'est-à-dire, attendre qu'il n'en soit plus tems, puisque
c'est pour ces occasions mêmes qu'il eut été essentiel de
le connoître.

Quel cortége de vices n'accompagnera point cette
incertitude ? Plus d'amitiés sinceres; plus d'estime réelle;
plus de confiance fondée. Les soupçons, les ombrages,
les craintes, la froideur, la reserve, la haine, la trahison
se cacheront sans cesse sous ce voile uniforme et perfide
de politesse, sous cette urbanité si vantée que nous

devons aux lumieres de notre siécle. On ne profanera plus par des juremens le nom du Maître de l'Univers, mais on l'insultera par des blasphêmes, sans que nos oreilles scrupuleuses en soient offensées. On ne vantera pas son propre mérite, mais on rabaissera celui d'autrui. On n'outragera point grossiérement son ennemi, mais on le calomniera avec adresse. Les haines nationales s'éteindront, mais ce sera avec l'amour de la Patrie. A l'ignorance méprisée, on substituera un dangereux Pyrrhonisme. Il y aura des excès proscrits, des vices deshonorés, mais d'autres seront décorés du nom de vertus; il faudra ou les avoir ou les affeſter. Vantera qui voudra la sobrieté des Sages du tems, je n'y vois, pour moi, qu'un rafinement d'intemperance autant indigne de mon éloge que leur artificieuse simplicité*.

Telle eſt la pureté que nos mœurs ont acquise. C'eſt ainsi que nous sommes devenus Gens de biens. C'eſt aux Lettres, aux Sciences et aux Arts à revendiquer ce qui leur appartient dans un si salutaire ouvrage. J'ajoûterai seulement une réflexion; c'eſt qu'un Habitant de quelques contrées éloignées qui chercheroit à se former une idée des mœurs Européennes sur l'état des Sciences parmi nous, sur la perfeſtion de nos Arts, sur la bienséance de nos Speſtacles, sur la politesse de nos manieres, sur l'affabilité de nos discours, sur nos démonſtrations perpétuelles de bienveillance, et sur ce concours tumultueux d'hommes de tout âge et de tout état qui semblent empressés depuis le lever de l'Aurore jusqu'au coucher du Soleil à s'obliger réciproquement; c'eſt que cet Etranger, dis je, devineroit exaſtement de nos mœurs le contraire de ce qu'elles sont.

Où il n'y a nul effet, il n'y a point de cause à chercher : mais ici l'effet eſt certain, la dépravation réelle, et nos ames se sont corrompuës a mesure que nos Sciences et nos Arts se sont avancés à la perfeſtion[1]. Dira-t-on que c'eſt un malheur particulier à nôtre âge ? Non, Messieurs; les maux causés par notre vaine curiosité sont aussi vieux

* *J'aime,* dit Montagne, *à conteſter et discourir, mais c'eſt avec peu d'hommes et pour moi. Car de servir de Speſtacle aux Grands et faire à l'envi parade de son esprit et de son caquet, je trouve que c'eſt un métier très méseant à un homme d'honneur.* C'eſt celui de tous nos beaux-esprits, hors un[2].

que le monde. L'élévation et l'abbaissement journalier des eaux de l'Ocean n'ont pas été plus régulierement assujetis au cours de l'Astre qui nous éclaire durant la nuit, que le sort des mœurs et de la probité au progrès des Sciences et des Arts. On a vu la vertu s'enfuir à mesure que leur lumiere s'élevoit sur notre horizon, et le même phénoméne s'est observé dans tous les tems et dans tous les lieux.

Voyez l'Egypte, cette premiere école de l'Univers, ce climat si fertile sous un ciel d'airain, cette contrée célébre, d'où Sesostris partit autrefois pour conquerir le Monde. Elle devient la mere de la Philosophie et des beaux Arts, et bien-tôt après, la conquête de Cambise, puis celle des Grecs, des Romains, des Arabes, et enfin des Turcs[1].

Voyez la Grece, jadis peuplée de Heros qui vainquirent deux fois l'Asie, l'une devant Troye et l'autre dans leurs propres foyers. Les Lettres naissantes n'avoient point porté encore la corruption dans les cœurs de ses Habitans; mais le progrès des Arts, la dissolution des mœurs et le joug du Macedonien se suivirent de près; et la Gréce, toujours savante, toujours voluptueuse, et toujours esclave n'éprouva plus dans ses révolutions que des changemens de maîtres. Toute l'éloquence de Démosthéne ne put jamais ranimer un corps que le luxe et les Arts avoient enervé[2].

C'est au tems des Ennius et des Térences que Rome, fondée par un Pâtre, et illustrée par des Laboureurs, commence à dégénérer. Mais après les Ovides, les Catulles, les Martials[3], et cette foule d'Auteurs obscènes, dont les noms seuls allarment la pudeur, Rome, jadis le Temple de la Vertu, devient le Théatre du crime, l'opprobre des Nations et le joüet des barbares. Cette Capitale du Monde tombe enfin sous le joug qu'elle avoit imposé à tant de Peuples, et le jour de sa chute fut la veille de celui où l'on donna à l'un de ses Citoyens le titre d'Arbitre du bon goût[4].

Que dirai-je de cette Métropole de l'Empire d'Orient, qui par sa position, sembloit devoir l'être du Monde entier, de cet azile des Sciences et des Arts proscrits du reste de l'Europe, plus peut-être par sagesse que par barbarie. Tout ce que la débauche et la corruption ont de plus honteux; les trahisons, les assassinats et les poisons de plus noir; le concours de tous les crimes de plus atroce; voilà ce qui forme le tissu de l'Histoire de Constantinople; voilà la source pure d'où nous sont émanées les Lumieres dont notre siécle se glorifie.

Mais pourquoi chercher dans des tems reculés des preuves d'une vérité dont nous avons sous nos yeux des témoignages subsistans. Il est en Asie une contrée immense où les Lettres honorées conduisent aux prémiéres dignités de l'Etat. Si les Sciences épuroient les mœurs, si elles apprenoient aux hommes à verser leur sang pour la Patrie, si elles animoient le courage; les Peuples de la Chine devroient être sages, libres et invincibles. Mais s'il n'y a point de vice qui ne les domine, point de crime qui ne leur soit familier; si les lumieres des Ministres, ni la prétendue sagesse des Loix, ni la multitude des Habitans de ce vaste Empire n'ont pu le garantir du joug du Tartare ignorant et grossier, dequoi lui ont servi tous ses Savans ? Quel fruit a-t-il retiré des honneurs dont ils sont comblés ? seroit-ce d'être peuplé d'esclaves et de méchans ?[1].

Opposons à ces tableaux celui des mœurs du petit nombre de Peuples qui, préservés de cette contagion des vaines connoissances ont par leurs vertus fait leur propre bonheur et l'exemple des autres Nations. Tels furent les premiers Perses, Nation singuliere chez laquelle on apprenoit la vertu comme chez nous on apprend la Science; qui subjugua l'Asie avec tant de facilité, et qui seule a eu cette gloire que l'histoire de ses institutions ait passé pour un Roman de Philosophie : Tels furent les Scithes, dont on nous a laissé de si magnifiques éloges : Tels les Germains, dont une plume, lasse de tracer les crimes et les noirceurs d'un Peuple instruit, opulent et voluptueux, se soulageoit à peindre la simplicité, l'innocence et les vertus. Telle avoit été Rome même dans les tems de sa pauvreté et de son ignorance. Telle enfin s'est montrée jusqu'à nos jours cette nation rustique si vantée pour son courage que l'adversité n'a pu abbatre, et pour sa fidelité que l'exemple n'a pu corrompre[2]*.

---

* Je n'ose parler de ces Nations heureuses qui ne connoissent pas même de nom les vices que nous avons tant de peine à réprimer, de ces sauvages de l'Amerique dont Montagne ne balance point à préférer la simple et naturelle police, non-seulement aux Loix

Ce n'est point par stupidité que ceux-ci ont préféré d'autres exercices à ceux de l'esprit. Ils n'ignoroient pas que dans d'autres contrées des hommes oisifs passoient leur vie à disputer sur le souverain bien, sur le vice et sur la vertu, et que d'orgueilleux raisonneurs, se donnant à eux-mêmes les plus grands éloges, confondoient les autres Peuples sous le nom meprisant de barbares; mais ils ont considéré leurs mœurs et appris à dédaigner leur doctrine*.

Oublierois-je que ce fut dans le sein même de la Gréce qu'on vit s'élever cette Cité aussi célebre par son heureuse ignorance que par la sagesse de ses Loix, cette République de demi-Dieux plutôt que d'hommes ? tant leurs vertus sembloient supérieures à l'humanité. O Sparte ! opprobre éternel d'une vaine doctrine ! Tandis que les vices conduits par les beaux Arts s'introduisoient ensemble dans Athénes, tandis qu'un Tyran y rassembloit avec tant de soin les ouvrages du Prince des Poëtes, tu chassois de tes murs les Arts et les Artistes, les Sciences et les Savans[1].

L'événement marqua cette différence. Athénes devint le séjour de la politesse et du bon goût, le païs des Orateurs et des Philosophes. L'élégance des Bâtimens y répondoit à celle du langage. On y voyoit de toutes parts le marbre et la toile animés par les mains des Maîtres les plus habiles. C'est d'Athénes que sont sortis ces ouvrages surprenans qui serviront de modéles dans tous les âges corrompus. Le Tableau de Lacedemone est moins brillant. *Là,* disoient les autres Peuples, *les*

---

de Platon, mais même à tout ce que la Philosophie pourra jamais imaginer de plus parfait pour le gouvernement des Peuples. Il en cite quantité d'exemples frappans pour qui les sauroit admirer : Mais quoi! dit-il, ils ne portent point de chausses[2] !

* De bonne foi, qu'on me dise quelle opinion les Atheniens mêmes devoient avoir de l'éloquence, quand ils l'écarterent avec tant de soin de ce Tribunal intégre des Jugemens duquel les Dieux mêmes n'appelloient pas[3] ? Que pensoient les Romains de la médecine, quand ils la bannirent de leur République[4] ? Et quand un reste d'humanité porta les Espagnols à interdire à leurs Gens de-Loi l'entrée de l'Amerique, quelle idée falloit-il qu'ils eussent de la Jurisprudence ? Ne diroit-on pas qu'ils ont cru réparer par ce seul Acte tous les maux qu'ils avoient faits à ces malheureux Indiens[5].

hommes naissent vertueux, et l'air même du Païs semble ins-
pirer la vertu. Il ne nous reste de ses Habitans que la
mémoire de leurs actions héroïques. De tels monumens
vaudroient-ils moins pour nous que les marbres curieux
qu'Athenes nous a laissés ?

Quelques sages, il est vrai, ont resisté au torrent
général et se sont garantis du vice dans le séjour des
Muses. Mais qu'on écoute le jugement que le prémier
et le plus malheureux d'entre eux portoit des Savans
et des Artistes de son tems.

« J'ai examiné, dit-il, les Poëtes, et je les regarde
» comme des gens dont le talent en impose à eux-
» même[1] et aux autres, qui se donnent pour sages,
» qu'on prend pour tels et qui ne sont rien moins.

» Des Poëtes, continue Socrate, j'ai passé aux Artistes.
» Personne n'ignoroit plus les Arts que moi; personne
» n'étoit plus convaincu que les Artistes possédoient
» de fort beaux secrets. Cependant, je me suis apperçu
» que leur condition n'est pas meilleure que celle des
» Poëtes et qu'ils sont, les uns et les autres, dans le
» même préjugé. Parce que les plus habiles d'entre eux
» excellent dans leur Partie, ils se regardent comme
» les plus sages des hommes. Cette présomption a terni
» tout-à-fait leur savoir à mes yeux : De sorte que me
» mettant à la place de l'Oracle et me demandant ce que
» j'aimerois le mieux être, ce que je suis ou ce qu'ils
» sont, savoir ce qu'ils ont appris ou savoir que je ne
» sais rien; j'ai répondu à moi-même et au Dieu : Je
» veux rester ce que je suis.

» Nous ne savons, ni les Sophistes, ni les Poëtes, ni
» les Orateurs, ni les Artistes ni moi, ce que c'est que
» le vrai, le bon et le beau : Mais il y a entre nous cette
» différence, que, quoique ces gens ne sachent rien,
» tous croyent savoir quelque chose : Au lieu que moi,
» si je ne sais rien, au moins je n'en suis pas en doute.
» De sorte que toute cette superiorité de sagesse qui
» m'est accordée par l'Oracle, se reduit seulement à
» être bien convaincu que j'ignore ce que je ne sais
» pas[2]. »

Voilà donc le plus Sage des hommes au Jugement
des Dieux, et le plus savant des Atheniens au sentiment
de la Gréce entiére, Socrate faisant l'Eloge de l'ignorance ! Croit-on que s'il ressuscitoit parmi nous, nos

Savans et nos Artistes lui feroient changer d'avis ? Non,
Messieurs, cet homme juste continueroit de mépriser
nos vaines Sciences; il n'aideroit point à grossir cette
foule de livres dont on nous inonde de toutes parts, et
ne laisseroit, comme il a fait, pour tout precepte à ses
disciples et à nos Neveux, que l'exemple et la mémoire
de sa vertu. C'est ainsi qu'il est beau d'instruire les
hommes !

Socrate avoit commencé dans Athénes, le vieux
Caton[1] continua dans Rome de se déchaîner contre ces
Grecs artificieux et subtils qui séduisoient la vertu et
amolissoient le courage de ses concitoyens. Mais les
Sciences, les Arts et la dialectique prévalurent encore :
Rome se remplit de Philosophes et d'Orateurs; on négli-
gea la discipline militaire, on méprisa l'agriculture, on
embrassa des Sectes et l'on oublia la Patrie. Aux noms
sacrés de liberté, de desintéressement, d'obeissance aux
Loix, succederent les noms d'Epicure, de Zenon, d'Arce-
silas. *Depuis que les Sçavans ont commencé à paroître parmi
nous,* disoient leurs propres Philosophes, *les Gens de
bien se sont éclipsés.* Jusqu'alors les Romains s'étoient
contentés de pratiquer la vertu; tout fut perdu quand
ils commencerent à l'étudier[2].

O Fabricius[3] ! qu'eut pensé votre grande âme, si pour
votre malheur rappellé à la vie, vous eussiez vu la face
pompeuse de cette Rome sauvée par votre bras et que
votre nom respectable avoit plus illustrée que toutes ses
conquêtes ? « Dieux ! eussiez-vous dit, que sont devenus
» ces toits de chaume et ces foyers rustiques qu'habi-
» toient jadis la modération et la vertu ? Quelle splen-
» deur funeste a succedé à la simplicité Romaine ? Quel
» est ce langage étranger ? Quelles sont ces mœurs effé-
» minées ? Que signifient ces statues, ces Tableaux,
» ces édifices ? Insensés, qu'avez-vous fait ? Vous les
» Maîtres des Nations, vous vous êtes rendus les esclaves
» des hommes frivoles que vous avez vaincus ? Ce sont
» des Rhéteurs qui vous gouvernent ? C'est pour enri-
» chir des Architectes, des Peintres, des Statuaires et
» des Histrions, que vous avez arrosé de votre sang la
» Gréce et l'Asie ? Les dépouilles de Carthage sont la
» proie d'un joüeur de flûte[4] ? Romains, hâtez-vous
» de renverser ces Amphithéâtres; brisez ces marbres;
» brûlez ces tableaux; chassez ces esclaves qui vous

» subjuguent, et dont les funestes arts vous corrompent.
» Que d'autres mains s'illustrent par de vains talens;
» le seul talent digne de Rome, est celui de conquérir
» le monde et d'y faire régner la vertu. Quand Cyneas
» prit notre Sénat pour une Assemblée de Rois, il ne fut
» ébloüi ni par une pompe vaine, ni par une élégance
» recherchée. Il n'y entendit point cette éloquence fri-
» vole, l'étude et le charme des hommes futiles. Que
» vit donc Cyneas de si majestueux ? O Citoyens ! Il
» vit un spectacle que ne donneront jamais vos richesses
» ni tous vos arts; le plus beau spectacle qui ait jamais
» paru sous le ciel, l'Assemblée de deux cens hommes
» vertueux, dignes de commander à Rome et de gouver-
» ner la terre ».

Mais franchissons la distance des lieux et des tems,
et voyons ce qui s'est passé dans nos contrées et sous
nos yeux; ou plutôt, écartons des peintures odieuses qui
blesseroient notre délicatesse, et épargnons-nous la
peine de répéter les mêmes choses sous d'autres noms.
Ce n'est point en vain que j'évoquois les mânes de Fabricius; et qu'ai-je fait dire à ce grand homme, que je n'eusse
pu mettre dans la bouche de Louis XII ou de Henri IV ?
Parmi nous, il est vrai, Socrate n'eût point bû la cigue;
mais il eût bû dans une coupe encore plus amere, la
raillerie insultante, et le mépris pire cent fois que la
mort.

Voilà comment le luxe, la dissolution et l'esclavage
ont été de tout tems le châtiment des efforts orgueilleux
que nous avons faits pour sortir de l'heureuse ignorance
où la sagesse éternelle nous avoit placés. Le voile épais
dont elle a couvert toutes ses opérations, sembloit nous
avertir assez qu'elle ne nous a point destinés à de vaines
recherches. Mais est-il quelqu'une de ses leçons dont
nous ayons sû profiter, ou que nous ayons négligée
impunément ? Peuples, sachez donc une fois que la
nature a voulu vous préserver de la science, comme
une mere arrache une arme dangereuse des mains de
son enfant; que tous les secrets qu'elle vous cache sont
autant de maux dont elle vous garantit, et que la peine
que vous trouvez à vous instruire n'est pas le moindre
de ses bienfaits. Les hommes sont pervers; ils seroient
pires encore, s'ils avoient eu le malheur de naître savans[1].

Que ces réflexions sont humiliantes pour l'humanité !

que notre orgueil en doit être mortifié ! Quoi ! la probité seroit fille de l'ignorance ? La science et la vertu seroient incompatibles ? Quelles conséquences ne tireroit-on point de ces préjugés ? Mais pour concilier ces contrariétés apparentes, il ne faut qu'examiner de près la vanité et le néant de ces titres orgueilleux qui nous éblouïssent, et que nous donnons si gratuitement aux connoissances humaines. Considérons donc les Sciences et les Arts en eux-mêmes. Voyons ce qui doit résulter de leur progrès; et ne balançons plus à convenir de tous les points où nos raisonnemens se trouveront d'accord avec les inductions historiques.

SECONDE PARTIE.

C'ETOIT une ancienne tradition passée de l'Egypte en Gréce, qu'un Dieu ennemi du repos des hommes, étoit l'inventeur des sciences*. Quelle opinion falloit-il donc qu'eussent d'elles les Egyptiens mêmes, chez qui elles étoient nées ? C'est qu'ils voyoient de près les sources qui les avoient produites. En effet, soit qu'on feuillette[1] les annales du monde, soit qu'on supplée à des chroniques incertaines par des recherches philosophiques, on ne trouvera pas aux connoissances humaines une origine qui réponde à l'idée qu'on aime à s'en former. L'Astronomie est née de la superstition; l'Eloquence, de l'ambition, de la haine, de la flatterie, du mensonge; la Géométrie, de l'avarice; la Physique, d'une vaine curiosité; toutes, et la Morale même, de l'orgueil humain. Les Sciences et les Arts doivent donc leur naissance à nos vices : nous serions moins en doute sur leurs avantages, s'ils la devoient à nos vertus.

Le défaut de leur origine ne nous est que trop retracé dans leurs objets. Que ferions-nous des Arts, sans le luxe qui les nourrit ? Sans les injustices des hommes, à quoi serviroit la Jurisprudence ? Que deviendroit l'Histoire, s'il n'y avoit ni Tyrans, ni Guerres, ni Conspirateurs ? Qui voudroit en un mot passer sa vie à de stériles contemplations, si chacun ne consultant que les devoirs de l'homme et les besoins de la nature, n'avoit de tems que pour la Patrie, pour les malheureux et pour ses

---

* On voit aisément l'allégorie de la fable de Prométhée; et il ne paroît pas que les Grecs qui l'ont cloué sur le Caucase, en pensassent gueres plus favorablement que les Egyptiens de leur Dieu Teuthus. « Le satyre, dit une ancienne fable, voulut baiser et embras- » ser le feu, la première fois qu'il le vit; mais Prometheus lui cria : » Satyre, tu pleureras la barbe de ton menton, car il brûle quand » on y touche ». C'est le sujet du frontispice[2].

amis ? Sommes-nous donc faits pour mourir attachés
sur les bords du puits où la vérité s'est retirée[1] ? Cette
seule réflexion devroit rebuter dès les premiers pas tout
homme qui chercheroit sérieusement à s'instruire par
l'étude de la Philosophie.

Que de dangers ! que de fausses routes dans l'investigation des Sciences ? Par combien d'erreurs, mille fois
plus dangereuses que la vérité n'est utile, ne faut-il point
passer pour arriver à elle ? Le désavantage est visible;
car le faux est susceptible d'une infinité de combinaisons; mais la vérité n'a qu'une manière d'être[2]. Qui
est-ce d'ailleurs, qui la cherche bien sincérement ? même
avec la meilleure volonté, à quelles marques est-on sûr
de la reconnoître ? Dans cette foule de sentimens différens, quel sera notre *Criterium*[3] pour en bien juger* ?
Et ce qui est le plus difficile, si par bonheur nous la
trouvons à la fin, qui de nous en saura faire un bon
usage ?

Si nos sciences sont vaines dans l'objet qu'elles se
proposent, elles sont encore plus dangereuses par les
effets qu'elles produisent. Nées dans l'oisiveté[4], elles
la nourrissent à leur tour; et la perte irréparable du tems,
est le premier préjudice qu'elles causent nécessairement
à la société. En politique, comme en morale, c'est un
grand mal que de ne point faire de bien; et tout citoyen
inutile peut être regardé comme un homme pernicieux.
Répondez-moi donc, Philosophes illustres; vous par
qui nous savons en quelles raisons les corps s'attirent
dans le vuide; quels sont, dans les révolutions des pla-
nettes, les rapports des aires parcourues en tems égaux;
quelles courbes ont des points conjugués, des points
d'inflexion et de rebroussement; comment l'homme
voit tout en Dieu; comment l'ame et le corps se corres-
pondent sans communication, ainsi que feroient deux
horloges; quels astres peuvent être habités; quels
insectes se reproduisent d'une maniere extraordinaire ?

---

* Moins on sait, plus on croit savoir. Les Péripatéticiens dou-
toient-ils de rien ? Descartes n'a-t-il pas construit l'Univers avec
des cubes et des tourbillons[5] ? Et y a-t-il aujourd'hui même, en
Europe si mince Phisicien, qui n'explique hardiment ce profond
mystère de l'électricité, qui fera peut-être à jamais le désespoir des
vrais Philosophes[6] ?

Répondez-moi, dis-je, vous de qui nous avons reçu tant de sublimes connoissances; quand vous ne nous auriez jamais rien appris de ces choses, en serions-nous moins nombreux, moins bien gouvernés, moins redoutables, moins florissans ou plus pervers[1] ? Revenez donc sur l'importance de vos productions; et si les travaux des plus éclairés de nos savans et de nos meilleurs Citoyens nous procurent si peu d'utilité, dites-nous ce que nous devons penser de cette foule d'Ecrivains obscurs et de Lettrés oisifs, qui dévorent en pure perte la substance de l'Etat.

Que dis-je; oisifs ? et plût-à-Dieu qu'ils le fussent en effet ! Les mœurs en seroient plus saines et la société plus paisible. Mais ces vains et futiles déclamateurs vont de tous côtés, armés de leurs funestes paradoxes; sapant les fondemens de la foi, et anéantissant la vertu. Ils sourient dédaigneusement à ces vieux mots de Patrie et de Religion, et consacrent leurs talens et leur Philosophie à détruire et avilir tout ce qu'il y a de sacré parmi les hommes. Non qu'au fond ils haïssent ni la vertu ni nos dogmes; c'est de l'opinion publique qu'ils sont ennemis; et pour les ramener aux pieds des autels, il suffiroit de les reléguer parmi les Athées. O fureur de se distinguer, que ne pouvez-vous point[2] ?

C'est un grand mal que l'abus du tems. D'autres maux pires encore suivent les Lettres et les Arts. Tel est le luxe, né comme eux de l'oisiveté et de la vanité des hommes. Le luxe va rarement sans les sciences et les arts, et jamais ils ne vont sans lui. Je sai[3] que notre Philosophie, toujours féconde en maximes singuliéres, prétend, contre l'expérience de tous les siécles, que le luxe fait la splendeur des Etats; mais après avoir oublié la nécessité des loix somptuaires, osera-t-elle nier encore que les bonnes mœurs ne soient essentielles (a) à la durée des Empires, et que le luxe ne soit diamétralement opposé aux bonnes mœurs[4] ? Que le luxe soit un signe certain des richesses; qu'il serve même si l'on veut à les multiplier : Que faudra-t-il conclure de ce paradoxe si digne d'être né de nos jours; et que deviendra la vertu, quand il faudra s'enrichir à quelque prix que ce soit ? Les anciens Politiques parloient sans cesse de mœurs et de vertu; les nôtres ne parlent que de commerce et d'argent. L'un vous dira qu'un homme vaut en telle

contrée la somme qu'on le vendroit à Alger; un autre
en suivant ce calcul trouvera des pays où un homme ne
vaut rien, et d'autres où il vaut moins que rien. Ils éva-
luent les hommes comme des troupeaux de bétail[1].
Selon eux, un homme ne vaut à l'Etat que la consomma-
tion qu'il y fait. Ainsi un Sybarite auroit bien valu
trente Lacédémoniens. Qu'on devine donc laquelle de
ces deux Républiques, de Sparte ou de Sybaris, fut
subjuguée par une poignée de paysans, et laquelle fit
trembler l'Asie.

La Monarchie de Cyrus a été conquise avec trente
mille hommes par un Prince plus pauvre que le moindre
des Satrapes de Perse; et les Scithes, le plus misérable
de tous les Peuples, a résisté aux plus puissans Monar-
ques de l'Univers[2]. Deux fameuses Républiques se dis-
putèrent l'Empire du Monde; l'une étoit très-riche,
l'autre n'avoit rien, et ce fut celle-ci qui détruisit l'autre.
L'Empire Romain à son tour, après avoir englouti
toutes les richesses de l'Univers fut la proye de gens
qui ne savoient pas même ce que c'étoit que richesse.
Les Francs conquirent les Gaules, les Saxons l'Angleterre sans autres tresors que leur bravoure et leur pauvreté. Une troupe de pauvres Montagnards dont toute
l'avidité se bornoit à quelques peaux de moutons, après
avoir dompté la fierté Autrichienne, écrasa cette opu-
lente et redoutable Maison de Bourgogne qui faisoit
trembler les Potentats de l'Europe[3]. Enfin toute la
puissance et toute la sagesse de l'héritier de Charles-
quint, soutenuës de tous les trésors des Indes, vinrent
se briser contre une poignée de pécheurs de harang[4].
Que nos politiques daignent suspendre leurs calculs
pour refléchir à ces exemples, et qu'ils apprennent une
fois qu'on a de tout avec de l'argent, hormis des mœurs
et des Citoyens.

Dequoi s'agit-il donc précisément dans cette question
du luxe? De savoir lequel importe le plus aux Empires
d'être brillans et momentanés, ou vertueux et durables.
Je dis brillans, mais de quel éclat? Le goût du faste ne
s'associe guéres dans les mêmes ames avec celui de
l'honnête. Non, il n'est pas possible que des Esprits
dégradés par une multitude de soins futiles s'élèvent
jamais à rien de grand; et quand ils en auroient la force,
le courage leur manqueroit.

Tout Artiste veut être applaudi. Les éloges de ses contemporains sont la partie la plus précieuse de sa récompense. Que fera-t-il donc pour les obtenir, s'il a le malheur d'être né chez un Peuple et dans des tems où les Savans devenus à la mode ont mis une jeunesse frivole en état de donner le ton; où les hommes ont sacrifié leur goût aux Tyrans de leur liberté*; où l'un des séxes n'osant approuver que ce qui est proportionné à la pusillanimité de l'autre, on laisse tomber des chefs d'œuvres[1] de Poësie dramatique, et des prodiges d'harmonie sont rebutés ? Ce qu'il fera, Messieurs ? Il rabaissera son genie au niveau de son siécle, et aimera mieux composer des ouvrages communs qu'on admire pendant sa vie, que des merveilles qu'on n'admireroit que longtems après sa mort. Dites-nous, célèbre Aroüet, combien vous avez sacrifié de beautés males et fortes à nôtre fausse délicatesse, et combien l'esprit de la galanterie si fertile en petites choses vous en a coûté de grandes[2].

C'est ainsi que la dissolution des mœurs, suite necessaire du luxe, entraîne à son tour la corruption du goût. Que si par hazard entre les hommes extraordinaires par leurs talens, il s'en trouve quelqu'un qui ait de la fermeté dans l'âme et qui refuse de se prêter au genie de son siécle et de s'avilir par des productions pueriles, malheur à lui ! Il mourra dans l'indigence et dans l'oubli. Que n'est-ce ici un prognostic que je fais et non une expérience que je rapporte ! Carle, Pierre[3]; le moment est venu où ce pinceau destiné à augmenter la majesté de nos Temples par des images sublimes et saintes, tombera de vos mains, ou sera prostitué à orner de peintures lascives les paneaux d'un vis-à-vis[4]. Et toi, rival

---

* Je suis bien éloigné de penser que cet ascendant des femmes soit un mal en soi. C'est un présent que leur a fait la nature pour le bonheur du Genre-humain : mieux dirigé, il pourroit produire autant de bien qu'il fait de mal aujourd'hui. On ne sent point assés quels avantages naitroient dans la societé d'une meilleure éducation donnée à cette moitié du Genre-humain qui gouverne l'autre. Les hommes seront toûjours ce qu'il plaira aux femmes : si vous voulez donc qu'ils deviennent grands et vertueux, apprenez aux femmes ce que c'est que grandeur d'âme et vertu. Les reflexions que ce sujet fournit, et que Platon a faites autrefois, mériteroient fort d'être mieux developpées par une plume digne d'écrire d'après un tel maître et de défendre une si grande cause[5].

des Praxiteles et des Phidias; toi dont les anciens auroient
employé le ciseau à leur faire des Dieux capables d'excuser à nos yeux leur idolatrie; inimitable Pigal[1], ta main
se resoudra à ravaller le ventre d'un magot[2], ou il faudra
qu'elle demeure oisive.

On ne peut réfléchir sur les mœurs, qu'on ne se plaise
à se rappeller l'image de la simplicité des premiers tems.
C'est un beau rivage, paré des seules mains de la nature,
vers lequel on tourne incessamment les yeux, et dont on
se sent éloigner à regret. Quand les hommes innocens
et vertüeux aimoient à avoir les Dieux pour témoins de
leurs actions, ils habitoient ensemble sous les mêmes
cabanes; mais bien-tôt devenus méchans, ils se lassèrent
de ces incommodes spectateurs et les releguérent dans
des Temples magnifiques. Ils les en chasserent enfin
pour s'y établir eux-mêmes, ou du moins les Temples
des Dieux ne se distinguérent plus des maisons des
citoyens. Ce fut alors le comble de la dépravation; et
les vices ne furent jamais poussés plus loin que quand
on les vit, pour ainsi dire, soutenus à l'entrée des Palais
des Grands sur des colonnes de marbres, et gravés sur
des chapiteaux Corinthiens.

Tandis que les commodités de la vie se multiplient,
que les arts se perfectionnent et que le luxe s'étend; le
vrai courage s'énerve, les vertus militaires s'évanouissent,
et c'est encore l'ouvrage des sciences et de tous ces arts
qui s'exercent dans l'ombre du cabinet. Quand les Gots
ravagerent la Gréce, toutes les Bibliothéques ne furent
sauvées du feu que par cette opinion semée par l'un
d'entre eux, qu'il falloit laisser aux ennemis des meubles
si propres à les détourner de l'exercice militaire et à les
amuser à des occupations oisives et sédentaires. Charles VIII. se vit maître de la Toscane et du Royaume de
Naples sans avoir presque tiré l'épée; et toute sa Cour
attribua cette facilité inespérée à ce que les Princes et
la Noblesse d'Italie s'amusoient plus à se rendre ingénieux et savans, qu'ils ne s'exerçoient à devenir vigoureux et guerriers. En effet, dit l'homme de sens[3] qui rapporte ces deux traits, tous les exemples nous apprennent
qu'en cette martiale police et en toutes celles qui lui sont
semblables, l'étude des sciences est bien plus propre à
amollir et efféminer les courages, qu'à les affermir et les
animer.

Les Romains ont avoué que la vertu militaire s'étoit éteinte parmi eux, à mesure qu'ils avoient commencé à se connoître en Tableaux, en Gravures, en vases d'Orphéverie[1], et à cultiver les beaux arts[2]; et comme si cette contrée fameuse étoit destinée à servir sans cesse d'exemple aux autres peuples, l'élévation des Médicis et le rétablissement des Lettres ont fait tomber derechef et peut être pour toûjours cette réputation guerriére que l'Italie sembloit avoir recouvrée il y a quelques siécles.

Les anciennes Républiques de la Gréce avec cette sagesse qui brilloit dans la plûpart de leurs institutions avoient interdit à leurs Citoyens tous ces métiers tranquilles et sédentaires qui en affaissant et corrompant le corps, énervent si-tôt la vigueur de l'âme. De quel œil, en effet, pense-t-on que puissent envisager la faim, la soif, les fatigues, les dangers et la mort, des hommes que le moindre besoin accable, et que la moindre peine rebutte. Avec quel courage les soldats supporteront-ils des travaux excessifs dont ils n'ont aucune habitude[3]? Avec quelle ardeur feront-ils des marches forcées sous des Officiers qui n'ont pas même la force de voyager à cheval ? Qu'on ne m'objecte point la valeur renommée de tous ces modernes guerriers si savamment disciplinés. On me vante bien leur bravoure en un jour de bataille, mais on ne me dit point comment ils supportent l'excès du travail, comment ils resistent à la rigueur des saisons et aux intempéries de l'air. Il ne faut qu'un peu de soleil ou de neige, il ne faut que la privation de quelques superfluités pour fondre et détruire en peu de jours la meilleure de nos armées. Guerriers intrépides, souffrez une fois la vérité qu'il vous est si rare d'entendre; vous êtes braves, je le sais; vous eussiez triomphé avec Annibal à Cannes et à Trasiméne, Cesar avec vous eut passé le Rubicon et asservi son païs; mais ce n'est point avec vous que le premier eût traversé les Alpes, et que l'autre eût vaincu vos ayeux[4].

Les combats ne font pas toujours le succès de la guerre, et il est pour les Généraux un art supérieur à celui de gagner des batailles. Tel court au feu avec intrépidité, qui ne laisse pas d'être un très-mauvais officier : dans le soldat même, un peu plus de force et de vigueur seroit peut-être plus nécessaire que tant de bravoure

qui ne le garantit pas de la mort; et qu'importe à l'Etat
que ses troupes périssent par la fiévre et le froid, ou par
le fer de l'ennemi.

Si la culture des sciences est nuisible aux qualités
guerriéres, elle l'est encore plus aux qualités morales.
C'est dès nos premieres années qu'une éducation insensée
orne notre esprit et corrompt notre jugement. Je vois
de toutes parts des établissemens immenses, où l'on
éleve à grands frais la jeunesse pour lui apprendre toutes
choses, excepté ses devoirs[1]. Vos enfans ignoreront leur
propre langue, mais ils en parleront d'autres qui ne sont
en usage nulle part : ils sauront composer des Vers qu'à
peine ils pourront comprendre : sans savoir démêler
l'erreur de la vérité, ils posséderont l'art de les rendre
méconnoissables aux autres par des argumens spécieux :
mais ces mots de magnanimité, d'équité, de tempérance,
d'humanité, de courage, ils ne sauront ce que c'est; ce
doux nom de Patrie ne frapera jamais leur oreille[2]; et
s'ils entendent parler de Dieu, ce sera moins pour le
craindre que pour en avoir peur[*][3]. J'aimerois autant,
disoit un Sage[4], que mon écolier eût passé le tems dans
un Jeu de Paume, au moins le corps en seroit plus dispos.
Je sais qu'il faut occuper les enfans, et que l'oisiveté est
pour eux le danger le plus à craindre. Que faut-il donc
qu'ils apprennent ? Voilà certes une belle question !
Qu'ils apprennent ce qu'ils doivent faire étant hommes[**];
et non ce qu'ils doivent oublier.

---

[*] *Pens. Philosoph.*
[**] Telle étoit l'éducation des Spartiates, au rapport du plus
grand de leurs Rois. C'est, dit Montagne, chose digne de très-
grande considération, qu'en cette excellente police de Lycurgus,
et à la vérité monstrueuse par sa perfection, si soigneuse pourtant
de la nourriture des enfans, comme de sa principale charge, et au
gîte même des Muses, il s'y fasse si peu mention de la doctrine :
comme si cette généreuse jeunesse dédaignant tout autre joug,
on ait dû lui fournir, au lieu de nos Maîtres de science, seulement
des Maîtres de vaillance, prudence, et justice.
Voyons maintenant comment le même Auteur parle des anciens
Perses. Platon, dit-il, raconte que le fils aîné de leur succession
Royale étoit ainsi nourri. Après sa naissance, on le donnoit, non
à des femmes, mais à des Eunuques de la premiére autorité près
du Roi, à cause de leur vertu. Ceux-ci prenoient charge de lui
rendre le corps beau et sain, et après sept ans le duisoient à monter

Nos jardins sont ornés de statuës et nos Galeries de tableaux. Que penseriez-vous que représentent ces chefs-d'œuvres de l'art exposés à l'admiration publique ? Les défenseurs de la Patrie ? ou ces hommes plus grands encore qui l'ont enrichie par leurs vertus ? Non. Ce sont des images de tous les égaremens du cœur et de la raison, tirées soigneusement de l'ancienne Mythologie, et présentées de bonne heure à la curiosité de nos enfans; sans doute afin qu'ils ayent sous leurs yeux des modéles de mauvaises actions, avant même que de savoir lire[1].

D'où naissent tous ces abus, si ce n'est de l'inégalité funeste introduite entre les hommes par la distinction des talens et par l'avilissement des vertus[2] ? Voilà l'effet le plus évident de toutes nos études, et la plus dangereuse de toutes leurs conséquences. On ne demande plus d'un homme s'il a de la probité, mais s'il a des talens; ni d'un Livre s'il est utile, mais s'il est bien écrit. Les récompenses sont prodiguées au bel esprit, et la vertu reste sans honneurs. Il y a mille prix pour les beaux discours, aucun pour les belles actions. Qu'on me dise, cependant, si la gloire attachée au meilleur des discours qui seront couronnés dans cette Académie, est comparable au mérite d'en avoir fondé le prix[3] ?

à cheval et aller à la chasse. Quand il étoit arrivé au quatorsiéme, ils le déposoient entre les mains de quatre : le plus sage, le plus juste, le plus tempérant, le plus vaillant de la Nation. Le premier lui apprenoit la Religion : le second à être toûjours véritable, le tiers à vaincre ses cupidités, le quart à ne rien craindre. Tous, ajoûterai-je, à le rendre bon, aucun à le rendre savant.

Astyage, en Xenophon, demande à Cyrus compte de sa derniére Leçon : C'est, dit-il, qu'en notre école un grand garçon ayant un petit saye le donna à l'un de ses compagnons de plus petite taille, et lui ôta son saye[4] qui étoit plus grand. Notre Précepteur m'ayant fait juge de ce différent, je jugeai qu'il falloit laisser les choses en cet état, et que l'un et l'autre sembloit être mieux accommodé en ce point. Surquoi il me remontra que j'avois mal fait : car je m'étois arrêté à considérer la bienséance; et il falloit premierement avoir pourvû à la justice, qui vouloit que nul ne fut forcé en ce qui lui appartenoit. Et dit qu'il en fut puni, comme on nous punit en nos villages pour avoir oublié le premier aoriste de τύπτω. Mon Régent me feroit une belle harangue, *in genere demonstrativo*, avant qu'il me persuadât que son école vaut celle-là.

Le sage ne court point après la fortune; mais il n'est pas insensible à la gloire; et quand il la voit si mal distribuée, sa vertu, qu'un peu d'émulation auroit animée et rendu avantageuse[1] à la société, tombe en langueur, et s'éteint dans la misère et dans l'oubli. Voilà ce qu'à la longue doit produire par-tout la préférence des talens agréables sur les talens utiles, et ce que l'expérience n'a que trop confirmé depuis le renouvellement des sciences et des arts. Nous avons des Physiciens, des Géometres, des Chymistes, des Astronomes, des Poëtes, des Musiciens, des Peintres; nous n'avons plus de citoyens[2]; ou s'il nous en reste encore, dispersés dans nos campagnes abandonnées, ils y périssent indigens et méprisés. Tel est l'état où sont réduits, tels sont les sentimens qu'obtiennent de nous ceux qui nous donnent du pain, et qui donnent du lait à nos enfans[3].

Je l'avoue, cependant; le mal n'est pas aussi grand qu'il auroit pû le devenir. La prévoyance éternelle, en plaçant à côté de diverses plantes nuisibles des simples salutaires, et dans la substance de plusieurs animaux malfaisans le remede à leurs blessures, a enseigné aux Souverains qui sont ses ministres à imiter sa sagesse. C'est à son exemple que du sein même des sciences et des arts, sources de mille dérèglemens, ce grand Monarque dont la gloire ne fera qu'acquérir d'âge en âge un nouvel éclat, tira ces sociétés célèbres chargées à la fois du dangereux dépôt des connoissances humaines, et du dépôt sacré des mœurs, par l'attention qu'elles ont d'en maintenir chez elles toute la pureté, et de l'exiger dans les membres qu'elles reçoivent[4].

Ces sages institutions affermies par son auguste successeur, et imitées par tous les Rois de l'Europe, serviront du moins de frein aux gens de lettres, qui tous aspirant à l'honneur d'être admis dans les Académies, veilleront sur eux-mêmes, et tâcheront de s'en rendre dignes par des ouvrages utiles et des mœurs irreprochables. Celles de ces Compagnies, qui pour les prix dont elles honorent le mérite littéraire feront un choix de sujets propres à ranimer l'amour de la vertu dans les cœurs des Citoyens, montreront que cet amour règne parmi elles, et donneront aux Peuples ce plaisir si rare et si doux de voir des sociétés savantes se dévoüer à verser sur le Genre-humain, non-seulement

des lumiéres agreables, mais aussi des instructions salutaires.

Qu'on ne m'oppose donc point une objection qui
n'est pour moi qu'une nouvelle preuve. Tant de soins
ne montrent que trop la necessité de les prendre, et l'on
ne cherche point des remédes à des maux qui n'existent
pas. Pourquoi faut-il que ceux-ci portent encore par
leur insuffisance le caractere des remédes ordinaires ?
Tant d'établissemens faits à l'avantage des savans n'en
sont que plus capables d'en imposer sur les objets des
sciences et de tourner les esprits à leur culture. Il semble,
aux précautions qu'on prend, qu'on ait trop de Laboureurs et qu'on craigne de manquer de Philosophes. Je
ne veux point hazarder ici une comparaison de l'agriculture et de la philosophie, on ne la supporteroit pas.
Je demanderai seulement, qu'est-ce que la Philosophie ?
Que contiennent les écrits des philosophes les plus
connus ? Quelles sont les Leçons de ces amis de la
sagesse ? A les entendre, ne les prendroit-on pas pour
une troupe de charlatans criant, chacun de son côté
sur une place publique; Venez-à-moi, c'est moi seul
qui ne trompe point ? L'un prétend qu'il n'y a point
de corps et que tout est en représentation. L'autre, qu'il
n'y a d'autre substance que la matiere ni d'autre Dieu
que le monde. Celui-ci avance qu'il n'y a ni vertus ni
vices, et que le bien et le mal moral sont des chiméres.
Celui-là, que les hommes sont des loups et peuvent se
devorer en sureté de conscience[1]. O grands Philosophes ! que ne reservez-vous pour vos amis et pour vos
enfans ces Leçons profitables; vous en recevriez bien-
tôt le prix, et nous ne craindrions pas de trouver dans
les nôtres quelqu'un de vos sectateurs.

Voilà donc les hommes merveilleux à qui l'estime de
leurs contemporains a été prodiguée pendant leur vie,
et l'immortalité reservée après leur trépas ! Voila les
sages maximes que nous avons reçeuës d'eux et que
nous transmettrons d'âge en âge à nos descendans. Le
Paganisme, livré à tous les égaremens de la raison
humaine a-t-il laissé à la postérité rien qu'on puisse
comparer aux monumens honteux que lui a préparé[2]
l'Imprimerie, sous le régne de l'Evangile ? Les écrits
impies des Leucippes et des Diagoras sont péris avec
eux[3]. On n'avoit point encore inventé l'art d'éterniser

les extravagances de l'esprit humain. Mais, grace aux caractéres Typographiques* et à l'usage que nous en faisons, les dangereuses reveries des Hobbes et des Spinosas resteront à jamais. Allez, écrits célèbres dont l'ignorance et la rusticité de nos Péres n'auroient point été capables; accompagnez chez nos descendans ces ouvrages plus dangereux encore d'où s'exhâle la corruption des mœurs de nôtre siécle, et portez ensemble aux siécles à venir une histoire fidelle du progrès et des avantages de nos sciences et de nos arts. S'ils vous lisent, vous ne leur laisserez aucune perplexité sur la question que nous agitons aujourd'hui : et à moins qu'ils ne soient plus insensés que nous, ils léveront leurs mains au Ciel, et diront dans l'amertume de leur cœur; « Dieu tout-
» puissant, toi qui tiens dans tes mains les Esprits, deli-
» vre-nous des Lumiéres et des funestes arts de nos
» Péres, et rends-nous l'ignorance, l'innocence et la
» pauvreté, les seuls biens qui puissent faire notre
» bonheur et qui soient précieux devant toi. »

Mais si le progrès des sciences et des arts n'a rien ajoûté à nôtre véritable félicité; s'il a corrompu nos mœurs, et si la corruption des mœurs a porté atteinte à la pureté du goût, que penserons-nous de cette foule d'Auteurs élémentaires qui ont écarté du Temple des

---

* A considerer les desordres affreux que l'Imprimerie a deja causés en Europe[1], à juger de l'avenir par le progrès que le mal fait d'un jour à l'autre, on peut prévoir aisement que les souverains ne tarderont pas à se donner autant de soins pour bannir cet art terrible de leurs Etats, qu'ils en ont pris pour l'y établir *(a)*. Le sultan Achmet cédant aux importunités de quelques prétendus gens de goût avoit consenti d'établir une Imprimerie à Constantinople. Mais à peine la presse fut-elle en train qu'on fut contraint de la détruire et d'en jetter les instrumens dans un puits. On dit que le Calife Omar, consulté sur ce qu'il falloit faire de la bibliothéque d'Alexandrie, répondit en ces termes. Si les Livres de cette bibliothéque contiennent des choses opposées à l'Alcoran, ils sont mauvais et il faut les bruler. S'ils ne contiennent que la doctrine de l'Alcoran, brulez-les encore : ils sont superflus. Nos Savans ont cité ce raisonnement comme le comble de l'absurdité. Cependant, supposez Grégoire le Grand à la place d'Omar et l'Evangile à la place de l'Alcoran, la Bibliotheque auroit encore été brulée, et ce seroit peut-être le plus beau trait de la vie de cet Illustre Pontife.

Muses les difficultés qui défendoient son abord, et que
la nature y avoit répandües comme une épreuve des
forces de ceux qui seroient tentés de savoir ? Que penserons-nous de ces Compilateurs d'ouvrages qui ont
indiscrettement brisé la porte des Sciences et introduit
dans leur Sanctuaire une populace indigne d'en appro-
cher; tandis qu'il seroit à souhaiter que tous ceux qui
ne pouvoient avancer loin dans la carrière des Lettres,
eussent été rebuttés dès l'entrée, et se fussent jettés dans
des Arts utiles à la société. Tel qui sera toute sa vie un
mauvais versificateur, un Geomètre subalterne, seroit
peut-être devenu un grand fabricateur d'étoffes. Il n'a
point fallu de maîtres à ceux que la nature destinoit à
faire des disciples. Les Verulams, les Descartes et les
Newtons[1], ces Precepteurs du Genre-humain n'en ont
point eu eux-mêmes, et quels guides les eussent conduits
jusqu'où leur vaste genie les a portés ? Des Maîtres
ordinaires n'auroient pu que retrecir leur entendement
en le resserrant dans l'étroite capacité du leur : C'est
par les premiers obstacles qu'ils ont appris à faire des
efforts, et qu'ils se sont exercés à franchir l'espace
immense qu'ils ont parcouru. S'il faut permettre à
quelques hommes de se livrer à l'étude des Sciences et
des Arts, ce n'est qu'à ceux qui se sentiront la force de
marcher seuls sur leurs traces, et de les devancer : C'est
à ce petit nombre qu'il appartient d'élever des monumens à la gloire de l'esprit humain. Mais si l'on veut
que rien ne soit au-dessus de leur genie, il faut que rien
ne soit au-dessus de leurs esperances. Voilà l'unique
encouragement dont ils ont besoin. L'ame se proportionne insensiblement aux objets qui l'occupent, et ce
sont les grandes occasions qui font les grands hommes.
Le Prince de l'Eloquence fut Consul de Rome, et le plus
grand, peut-être, des Philosophes, Chancelier d'Angleterre[2]. Croit-on que si l'un n'eut occupé qu'une chaire
dans quelque Université, et que l'autre n'eut obtenu
qu'une modique pension d'Académie; croit-on, dis-je,
que leurs ouvrages ne se sentiroient pas de leur état ?
Que les Rois ne dédaignent donc pas d'admettre dans
leurs conseils les gens les plus capables de les bien
conseiller : qu'ils renoncent à ce vieux préjugé inventé
par l'orgueil des Grands, que l'art de conduire les Peuples est plus difficile que celui de les éclairer : comme

s'il étoit plus aisé d'engager les hommes à bien faire de leur bon gré, que de les y contraindre par la force. Que les savans du premier ordre trouvent dans leurs cours *(a)* d'honorables aziles. Qu'ils y obtiennent la seule récompense digne d'eux; celle de contribuer par leur crédit au bonheur des Peuples à qui ils auront enseigné la sagesse. C'est alors seulement qu'on verra ce que peuvent la vertu, la science et l'autorité animées d'une noble émulation et travaillant de concert à la félicité du Genre-humain. Mais tant que la puissance sera seule d'un côté; les lumiéres et la sagesse seules d'un autre; les savans penseront rarement de grandes choses, les Princes en feront plus rarement de belles, et les Peuples continue-ront d'être vils, corrompus et malheureux.

Pour nous, hommes vulgaires, à qui le Ciel n'a point départi de si grands talens et qu'il ne destine pas à tant de gloire, restons dans nôtre obscurité. Ne courons point après une réputation qui nous échaperoit, et qui, dans l'état présent des choses ne nous rendroit jamais ce qu'elle nous auroit coûté, quand nous aurions tous les titres pour l'obtenir. A quoi bon chercher nôtre bonheur dans l'opinion d'autrui si nous pouvons le trouver en nous-mêmes ? Laissons à d'autres le soin d'instruire les Peuples de leurs devoirs, et bornons-nous à bien remplir les nôtres, nous n'avons pas besoin d'en savoir davantage.

O vertu ! Science sublime des ames simples, faut-il donc tant de peines et d'appareil pour te connoître ? Tes principes ne sont-ils pas gravés dans tous les cœurs, et ne suffit-il pas pour apprendre tes Loix de rentrer en soi-même et d'écouter la voix de sa conscience dans le silence des passions[1] ? Voila la véritable Philosophie, sachons nous en contenter; et sans envier la gloire de ces hommes célèbres qui s'immortalisent dans la République des Lettres, tâchons de mettre entre eux et nous cette distinction glorieuse qu'on remarquoit jadis entre deux grands Peuples[2]; que l'un savoit bien dire, et l'autre, bien faire.

LETTRE

A MONSIEUR L'ABBÉ RAYNAL.

auteur du Mercure de France[1]

JE dois, monsieur, des remercîmens à ceux qui vous ont fait passer les observations que vous avez la bonté de me communiquer, et je tâcherai d'en faire mon profit; je vous avouerai pourtant que je trouve mes Censeurs un peu sévéres sur ma logique, et je soupçonne qu'ils se seroient montrés moins scrupuleux, si j'avois été de leur avis. Il me semble au moins que s'ils avoient eux-mêmes un peu de cette exactitude rigoureuse qu'ils éxigent de moi, je n'aurois aucun besoin des éclaircissemens que je leur vais demander.

L'*Auteur semble*, disent-ils, *préférer la situation où étoit l'Europe avant le renouvellement des Sciences ; Etat pire que l'ignorance par le faux sçavoir ou le jargon qui étoit en régne.* L'Auteur de cette observation semble me faire dire que le faux sçavoir, ou le jargon scholastique soit préférable à la Science, et c'est moi-meme qui ai dit qu'il étoit pire que l'ignorance; mais qu'entend-il par ce mot *situation ?* L'applique-t-il aux lumiéres ou aux mœurs, ou s'il confond ces choses que j'ai tant pris de peine à distinguer ? Au reste, comme c'est ici le fond de la question, j'avoüe qu'il est très-malladroit à moi de n'avoir fait que sembler prendre parti là-dessus.

Ils ajoûtent que l'*Auteur préfére la rusticité à la politesse.*

Il est vrai que l'Auteur préfére la rusticité à l'orgueilleuse et fausse politesse de notre siécle, et il en a dit la raison. *Et qu'il fait main basse*[2] *sur tous les Sçavans et les Artistes.* Soit, puisqu'on le veut ainsi, je consens de supprimer toutes les distinctions que j'y avois mises.

Il auroit du, disent-ils encore, *marquer le point d'où il*

part, pour désigner l'époque de la décadence. J'ai fait plus;
j'ai rendu ma proposition générale : j'ai assigné ce premier degré de la décadence des mœurs au premier
moment de la culture des Lettres dans tous les pays du
monde, et j'ai trouvé le progrès de ces deux choses toujours en proportion. *Et en remontant à cette premiere
époque, faire comparaison des mœurs de ce tems-là avec les
nôtres.* C'est ce que j'aurois fait encore plus au long dans
un volume in-quarto.

*Sans cela nous ne voyons point jusqu'où il faudroit remonter,
à moins que ce ne soit au tems des Apôtres ?* Je ne vois pas,
moi, l'inconvénient qu'il y auroit à cela, si le fait étoit
vrai. Mais je demande justice au Censeur : Voudroit-il
que j'eusse dit que le tems de la plus profonde ignorance
étoit celui des Apôtres[1] ?

*Ils disent de plus, par rapport au luxe, qu'en bonne poli-
tique on sçait qu'il doit être interdit dans les petits Etats, mais
que le cas d'un Royaume tel que la France par exemple, est
tout différent. Les raisons en sont connues.* N'ai-je pas ici
encore quelque sujet de me plaindre ? Ces raisons sont
celles ausquelles j'ai tâché de répondre. Bien ou mal,
j'ai répondu. Or on ne sçauroit guères donner à un
Auteur une plus grande marque de mépris qu'en ne lui
répliquant que par les mêmes argumens qu'il a réfutés.
Mais faut-il leur indiquer la difficulté qu'ils ont à résoudre ? La voici : *Que deviendra la vertu quand il faudra
s'enrichir à quelque prix que ce soit*[2] ? Voilà ce que je leur
ai demandé, et ce que je leur demande encore.

Quant aux deux observations suivantes, dont la première commence par ces mots : *Enfin voici ce qu'on
objecte,* et l'autre par ceux-ci : *mais ce qui touche de plus
près*[3]; je supplie le Lecteur de m'épargner la peine de les
transcrire. L'Académie m'avoit demandé si le rétablissement des Sciences et des Arts avoit contribué à épurer
les mœurs. Telle étoit la question que j'avois à résoudre :
cependant voici qu'on me fait un crime de n'en avoir
pas résolu une autre. Certainement cette critique est
tout au moins fort singuliere. Cependant j'ai presque
à demander pardon au Lecteur de l'avoir prévûe, car
c'est ce qu'il pourroit croire en lisant les cinq ou six
dernières pages de mon discours.

---

* Disc., p. 38.

Au reste, si mes Censeurs s'obstinent à desirer encore des conclusions pratiques, je leur en promets de très clairement énoncées dans ma première réponse.

Sur l'inutilité des Loix somptuaires pour déraciner le luxe une fois établi, on dit que *l'Auteur n'ignore pas ce qu'il y a à dire là-dessus.* Vraiment non. Je n'ignore pas que quand un homme est mort il ne faut point appeller de Médecins.

On ne sçauroit mettre dans un trop grand jour des vérités qui heurtent autant de front le goût géneral, et il importe d'ôter toute prise à la chicane. Je ne suis pas tout-à-fait de cet avis, et je crois qu'il faut laisser des osselets aux enfans[1].

Il est aussi bien des Lecteurs qui les goûteront mieux dans un style tout uni, que sous cet habit de cérémonie qu'exigent les Discours Académiques. Je suis fort du goût de ces Lecteurs-là. Voici donc un point dans lequel je puis me conformer au sentiment de mes Censeurs, comme je fais dès aujourd'hui.

J'ignore quel est l'adversaire[2] dont on me menace dans le *Post-Scriptum.* Tel qu'il puisse être[3], je ne sçaurois me résoudre à répondre à un ouvrage, avant que de l'avoir lû, ni à me tenir pour battu, avant que d'avoir été attaqué.

Au surplus, soit que je réponde aux critiques qui me sont annoncées, soit que je me contente de publier l'ouvrage augmenté qu'on me demande, j'avertis mes Censeurs qu'ils pourroient bien n'y pas trouver les modifications qu'ils esperent. Je prévois que quand il sera question de me défendre, je suivrai sans scrupule toutes les conséquences de mes principes.

Je sçais d'avance avec quels grands mots on m'attaquera. Lumières, connoissances, loix, morale, raison, bienseance, égards, douceur, aménité, politesse, éducation, etc. A tout cela je ne répondrai que par deux autres mots, qui sonnent encore plus fort à mon oreille. Vertu, vérité ! m'écrirai-je sans cesse; vérité, vertu ! Si quelqu'un n'apperçoit là que des mots, je n'ai plus rien à lui dire.

Sur la Réponse qui a été faite à
son Discours *(a)*.

JE devrois plutôt un remercîment qu'une réplique à
l'Auteur Anonyme[1], qui vient d'honorer mon Discours d'une Réponse. Mais ce que je dois à la reconnoissance ne me fera point oublier ce que je dois à la
vérité; et je n'oublierai pas, non plus, que toutes les
fois qu'il eſt queſtion de raison, les hommes rentrent
dans le droit de la Nature, et reprennent leur premiére
égalité.

Le Discours auquel j'ai à répliquer eſt plein de choses
très-vraies et très-bien prouvées, ausquelles je ne vois
aucune Réponse : car quoique j'y sois qualifié de Docteur, je serois bien faché d'être au nombre de ceux qui
sçavent répondre à tout.

Ma défense n'en sera pas moins facile. Elle se bornera
à comparer avec mon sentiment les vérités qu'on
m'objeſte; car si je prouve qu'elles ne l'attaquent point,
ce sera, je crois, l'avoir assez bien défendu.

Je puis réduire à deux points principaux, toutes les
Propositions établies par mon Adversaire; l'un renferme
l'éloge des Sciences; l'autre traite de leur abus. Je les
examinerai séparément.

Il semble au ton de la Réponse, qu'on seroit bien aise
que j'eusse dit des Sciences beaucoup plus de mal que
je n'en ai dit en effet. On y suppose que leur éloge qui se
trouve à la tête de mon Discours, a dû me coûter beau-

coup ; c'est, selon l'Auteur, un aveu arraché à la vérité et que je n'ai pas tardé à rétracter.

Si cet aveu est un éloge arraché par la vérité, il faut donc croire que je pensois des Sciences le bien que j'en ai dit ; le bien que l'Auteur en dit lui-même n'est donc point contraire à mon sentiment. Cet aveu, dit-on, est arraché par force : tant mieux pour ma cause ; car cela montre que la vérité est chez moi plus forte que le penchant. Mais sur quoi peut-on juger que cet éloge est forcé ? Seroit-ce pour être mal fait ? ce seroit intenter un procès bien terrible à la sincérité des Auteurs, que d'en juger sur ce nouveau principe. Seroit-ce pour être trop court ? Il me semble que j'aurois pû facilement dire moins de choses en plus de pages. C'est, dit-on, que je me suis rétracté ; j'ignore en quel endroit j'ai fait cette faute ; et tout ce que je puis répondre, c'est que ce n'a pas été mon intention.

La Science est très-bonne en soi, cela est évident ; et il faudroit avoir renoncé au bon sens, pour dire le contraire. L'Auteur de toutes choses est la source de la vérité ; tout connoître est un de ses divins attributs. C'est donc participer en quelque sorte à la suprême intelligence, que d'acquérir des connoissances et d'étendre ses lumiéres. En ce sens j'ai loüé le sçavoir, et c'est en ce sens que le loüe mon Adversaire[1]. Il s'étend encore sur les divers genres d'utilité que l'Homme peut retirer des Arts et des Sciences ; et j'en aurois volontiers dit autant, si cela eût été de mon sujet. Ainsi nous sommes parfaitement d'accord en ce point.

Mais comment se peut-il faire, que les Sciences dont la source est si pure et la fin si loüable, engendrent tant d'impiétés, tant d'hérésies, tant d'erreurs, tant de systêmes absurdes, tant de contrariétés, tant d'inepties, tant de Satyres ameres, tant de misérables Romans, tant de Vers licentieux, tant de Livres obscènes ; et dans ceux qui les cultivent, tant d'orgueil, tant d'avarice, tant de malignité, tant de cabales, tant de jalousies, tant de mensonges, tant de noirceurs, tant de calomnies, tant de lâches et honteuses flatteries ? Je disois que c'est parce que la Science toute belle, toute sublime qu'elle est, n'est point faite pour l'homme ; qu'il a l'esprit trop borné pour y faire de grands progrès, et trop de passions dans le cœur pour n'en pas faire un mauvais usage ;

que c'est assez pour lui de bien étudier ses devoirs, et que chacun a reçu toutes les lumiéres dont il a besoin pour cette étude. Mon Adversaire avouë de son côté que les Sciences deviennent nuisibles quand on en abuse, et que plusieurs en abusent en effet. En cela, nous ne disons pas, je crois, des choses fort différentes; j'ajoûte, il est vrai, qu'on en abuse beaucoup, et qu'on en abuse toûjours, et il ne me semble pas que dans la Réponse on ait soutenu le contraire.

Je peux donc assurer que nos principes, et par consé-quent, toutes les propositions qu'on en peut déduire n'ont rien d'opposé, et c'est ce que j'avois à prouver. Cependant, quand nous venons à conclurre, nos deux conclusions se trouvent contraires. La mienne étoit que, puisque les Sciences font plus de mal aux mœurs que de bien à la société, il eut été à désirer que les hommes s'y fussent livrés avec moins d'ardeur. Celle de mon Adver-saire est que, quoique les Sciences fassent beaucoup de mal, il ne faut pas laisser de les cultiver à cause du bien qu'elles font. Je m'en rapporte, non au Public, mais au petit nombre des vrais Philosophes, sur celle qu'il faut préférer de ces deux conclusions.

Il me reste de legéres Observations à faire, sur quelques endroits de cette Réponse, qui m'ont paru manquer un peu de la justesse que j'admire volontiers dans les autres, et qui ont pû contribuer par-là à l'erreur de la conséquence que l'Auteur en tire.

L'ouvrage commence par quelques personnalités que je ne releverai qu'autant qu'elles feront à la ques-tion[1]. L'Auteur m'honore de plusieurs éloges, et c'est assurément m'ouvrir une belle carriére. Mais il y a trop peu de proportion entre ces choses : un silence respec-tueux sur les objets de notre admiration, est souvent plus convenable, que des loüanges indiscrettes*.

---

* Tous les Princes, bons et mauvais, seront toujours bassement et indifféremment loüés, tant qu'il y aura des Courtisans et des Gens de Lettres. Quant aux Princes qui sont de grands Hommes, il leur faut des éloges plus modérés et mieux choisis. La flaterie offense leur vertu, et la louange même peut faire tort à leur gloire. Je sçais bien, du moins, que Trajan seroit beaucoup plus grand à mes yeux, si Pline n'eût jamais écrit[2]. Si Alexandre eût été en effet ce qu'il affeĉtoit de paroître, il n'eût point songé à son portrait

Mon discours, dit-on, a de quoi surprendre*; il me semble que ceci demanderoit quelque éclaircissement. On est encore surpris de le voir couronné; ce n'est pourtant pas un prodige de voir couronner de médiocres écrits. Dans tout autre sens cette surprise seroit aussi honorable à l'Académie de Dijon, qu'injurieuse à l'intégrité des Académies en général; et il est aisé de sentir combien j'en ferois le profit de ma cause.

On me taxe par des Phrases fort agréablement arrangées de contradiction entre ma conduite et ma doctrine; on me reproche d'avoir cultivé moi-même les études que je condamne**; puisque la Science et la Vertu sont incompatibles, comme on prétend que je m'efforce de le prouver, on me demande d'un ton assez pressant comment j'ose employer l'une en me déclarant pour l'autre.

Il y a beaucoup d'adresse à m'impliquer ainsi moi-même dans la question; cette personnalité ne peut manquer de jetter de l'embarras dans ma Réponse, ou plutôt dans mes Réponses; car malheureusement j'en ai plus d'une à faire[1]. Tâchons du moins que la justesse y supplée à l'agrément.

---

ni à sa Statüe; mais pour son Panégyrique, il n'eût permis qu'à un Lacédémonien de le faire, au risque de n'en point avoir[2]. Le seul éloge digne d'un Roy, est celui qui se fait entendre, non par la bouche mercénaire d'un Orateur, mais par la voix d'un Peuple libre *(a)*[3].

* C'est de la question même qu'on pourroit être surpris : grande et belle question s'il en fût jamais, et qui pourra bien n'être pas si-tôt renouvellée. L'Académie Françoise vient de proposer pour le prix d'éloquence de l'année 1752, un sujet fort semblable à celui-là. Il s'agit de soûtenir que l'*Amour des Lettres inspire l'amour de la vertu*. L'Académie n'a pas jugé à propos de laisser un tel sujet en problème; et cette sage Compagnie a doublé dans cette occasion le tems quelle accordoit ci-devant aux Auteurs, même pour les sujets les plus difficiles[4].

** Je sçaurois me justifier, comme bien d'autres, sur ce que notre éducation ne dépend point de nous, et qu'on ne nous consulte pas pour nous empoisonner : c'est de très-bon gré que je me suis jetté dans l'étude; et c'est de meilleur cœur encore que je l'ai abandonnée, en m'appercevant du trouble qu'elle jettoit dans mon ame sans aucun profit pour ma raison. Je ne veux plus d'un métier trompeur, où l'on croit beaucoup faire pour la sagesse, en faisant tout pour la vanité.

1. Que la culture des Sciences corrompe les mœurs d'une nation, c'est ce que j'ai osé soûtenir, c'est ce que j'ose croire avoir prouvé. Mais comment aurois-je pû dire que dans chaque Homme en particulier la Science et la Vertu sont incompatibles, moi qui ai exhorté les Princes à appeller les vrais Sçavans à leur Cour, et à leur donner leur confiance, afin qu'on voye une fois ce que peuvent la Science et la Vertu réunies pour le bonheur du genre humain? Ces vrais Sçavans sont en petit nombre, je l'avoue; car pour bien user de la Science, il faut réunir de grands talens et de grandes Vertus; or, c'est ce qu'on peut à peine *(a)* espérer de quelques ames privilégiées, mais qu'on ne doit point attendre de tout un peuple. On ne sçauroit donc conclure de mes principes qu'un homme ne puisse être sçavant et vertueux tout à la fois.

2. On pourroit encore moins me presser personnellement par cette prétenduë contradiction, quand même elle existeroit réellement. J'adore la Vertu, mon cœur me rend ce témoignage; il me dit trop aussi, combien il y a loin de cet amour à la pratique qui fait l'homme vertueux; d'ailleurs, je suis fort éloigné d'avoir de la Science, et plus encore d'en affecter. J'aurois crû que l'aveu ingénu que j'ai fait au commencement de mon Discours me garantiroit de cette imputation, je craignois bien plutôt qu'on ne m'accusât de juger des choses que je ne connoissois pas. On sent assez combien il m'étoit impossible d'éviter à la fois ces deux reproches. Que sçais-je même, si l'on n'en viendroit point à les réunir, si je ne me hâtois de passer condamnation sur celui-ci, quelque peu mérité qu'il puisse être?

3. Je pourrois rapporter à ce sujet, ce que disoient les Peres de l'Eglise des Sciences mondaines qu'ils méprisoient, et dont pourtant ils se servoient pour combattre les Philosophes Payens. Je pourrois citer la comparaison qu'ils en faisoient avec les vases des Egyptiens volés par les Israélites[1] : mais je me contenterai pour derniere Réponse, de proposer cette question : Si quelqu'un venoit pour me tuer et que j'eusse le bonheur de me saisir de son arme, me seroit-il défendu, avant que de la jetter, de m'en servir pour le chasser de chez moi?

Si la contradiction qu'on me reproche n'éxiste pas;

il n'eſt donc pas nécessaire de supposer que je n'ai voulu que m'égaier *(a)* sur un frivole paradoxe; et cela me paroît d'autant moins nécessaire, que le ton que j'ai pris, quelque mauvais qu'il puisse être, n'eſt pas du moins celui qu'on employe dans les jeux d'esprit.

Il eſt tems de finir sur ce qui me regarde : on ne gagne jamais rien à parler de soi; et c'eſt une indiscrétion que le Public pardonne difficilement, même quand on y eſt forcé. La vérité eſt si indépendante de ceux qui l'attaquent et de ceux qui la défendent, que les Auteurs qui en disputent devroient bien s'oublier réciproquement; cela épargneroit beaucoup de papier et d'encre. Mais cette régle si aisée à pratiquer avec moi, ne l'eſt point du tout vis-à-vis de mon Adversaire; et c'eſt une différence qui n'eſt pas à l'avantage de ma réplique.

L'Auteur observant que j'attaque les Sciences et les Arts, par leurs effets sur les mœurs, employe pour me répondre le dénombrement des utilités qu'on en retire dans tous les états; c'eſt comme si, pour juſtifier un accusé, on se contentoit de prouver qu'il se porte fort bien, qu'il a beaucoup d'habileté, ou qu'il eſt fort riche. Pourvû qu'on m'accorde que les Arts et les Sciences nous rendent malhonnêtes gens, je ne disconviendrai pas qu'il ne nous soient d'ailleurs très commodes; c'eſt une conformité de plus qu'ils auront avec la plûpart des vices.

L'Auteur va plus loin, et prétend encore que l'étude nous eſt nécessaire pour admirer les beautés de l'univers, et que le speçtacle de la nature, exposé, ce semble, aux yeux de tous pour l'inſtruçtion des simples, éxige lui-même beaucoup d'inſtruçtion dans les Observateurs pour en être apperçu. J'avouë que cette proposition me surprend : seroit-ce qu'il eſt ordonné à tous les hommes d'être Philosophes, ou qu'il n'eſt ordonné qu'aux seuls Philosophes de croire en Dieu ? L'Ecriture nous exhorte en mille endroits d'adorer la grandeur et la bonté de Dieu dans les merveilles de ses œuvres; je ne pense pas qu'elle nous ait prescrit nulle part d'étudier la Physique, ni que l'Auteur de la Nature soit moins bien adoré par moi qui ne sçais rien, que par celui qui connoît et le cédre, et l'hysope, et la trompe de la mouche, et celle de l'Eléphant *(b)*.

On croit toûjours avoir dit ce que font les Sciences,

quand on a dit ce qu'elles devroient faire. Cela me paroît pourtant fort différent : l'étude de l'Univers devroit élever l'homme à son Créateur, je le sçais; mais elle n'éleve que la vanité humaine. Le Philosophe, qui se flatte de pénetrer dans les secrets de Dieu, ose associer sa prétenduë sagesse à la sagesse éternelle : il approuve, il blâme, il corrige, il prescrit des loix à la nature, et des bornes à la Divinité; et tandis qu'occupé de ses vains systêmes, il se donne mille peines pour arranger la machine du monde[1], le Laboureur qui voit la pluye et le soleil tour à tour fertiliser son champ, admire louë et bénit la main dont il reçoit ces graces, sans se mêler de la maniére dont elles lui parviennent. Il ne cherche point à justifier son ignorance ou ses vices par son incrédulité. Il ne censure point les œuvres de Dieu, et ne s'attaque point à son maître pour faire briller sa suffisance. Jamais le mot impie d'Alphonse X[2] ne tombera dans l'esprit d'un homme vulgaire : c'est à une bouche sçavante que ce blasphême étoit reservé *(a)*.

La curiosité naturelle à l'homme, continuë-t'on, *lui inspire l'envie d'apprendre*. Il devroit donc travailler à la contenir, comme tous ses penchans naturels. *Ses besoins lui en font sentir la nécessité*. A bien des égard les connoissances sont utiles; cependant les sauvages sont des hommes, et ne sentent point cette nécessité là, *ses emplois lui en imposent l'obligation*. Ils lui imposent bien plus souvent celle de renoncer à l'étude pour vacquer à ses devoirs*. *Ses progrès lui en font goûter le plaisir*. C'est pour cela même qu'il devroit s'en défier. *Ses premieres découvertes augmentent l'avidité qu'il a de sçavoir*. Cela arrive en effet, à ceux qui ont du talent. *Plus il connoît, plus il sent qu'il a de connoissances à acquerir*; c'est-à-dire, que l'usage de tout le tems qu'il perd, est de l'exciter à en perdre encore davantage : mais il n'y a guéres qu'un petit nombre d'hommes de génie en qui la vuë de leur ignorance se développe en apprenant, et c'est pour eux seulement que l'étude peut-être bonne : à peine les petits esprits ont-ils appris quelque chose qu'ils croient tout

---

* C'est une mauvaise marque pour une société, qu'il faille tant de Science dans ceux qui la conduisent, si les hommes étoient ce qu'ils doivent être, ils n'auroient guéres besoin d'étudier pour apprendre les choses qu'ils ont à faire.

sçavoir, et il n'y a sorte de sotise *(a)* que cette persuasion ne leur fasse dire et faire. *Plus il a de connoissances acquises, plus il a de facilité à bien faire.* On voit qu'en parlant ainsi, l'Auteur a bien plus consulté son cœur qu'il n'a observé les hommes.

Il avance encore, qu'il est bon de connoître le mal pour apprendre à le fuir; et il fait entendre qu'on ne peut s'assurer de sa vertu qu'après l'avoir mise à l'épreuve. Ces maximes sont au moins douteuses et sujetes à bien des discussions. Il n'est pas certain que pour apprendre à bien faire, on soit obligé de sçavoir en combien de maniéres on peut faire le mal. Nous avons un guide intérieur, bien plus infaillible que tous les livres, et qui ne nous abandonne jamais dans le besoin[1]. C'en seroit assez pour nous conduire innocemment, si nous voulions l'écouter toûjours; et comment seroit-on obligé d'éprouver ses forces pour s'assurer de sa vertu, si c'est un des exercices de la vertu de fuir les occasions du vice ?

L'homme sage est continuellement sur ses gardes, et se défie toûjours de ses propres forces : il reserve tout son courage pour le besoin, et ne s'expose jamais mal-à-propos. Le fanfaron est celui qui se vante sans cesse de plus qu'il ne peut faire, et qui, après avoir bravé et insulté tout le monde, se laisse battre à la premiere rencontre. Je demande lequel de ces deux portraits ressemble le mieux à un Philosophe aux prises avec ses passions.

On me reproche d'avoir affecté de prendre chez les anciens, mes exemples de vertu. Il y a bien de l'apparence que j'en aurois trouvé encore davantage, si j'avois pû remonter plus haut : j'ai cité aussi un peuple moderne, et ce n'est pas ma faute, si je n'en ai trouvé qu'un[2]. On me reproche encore dans une maxime générale des paralleles odieux, où il entre, dit-on, moins de zéle et d'équité que d'envie contre mes compatriotes et d'humeur contre mes contemporains. Cependant, personne, peut-être, n'aime autant que moi son pays et ses compatriotes. Au surplus, je n'ai qu'un mot à répondre. J'ai dit mes raisons et ce sont elles qu'il faut peser. Quant à mes intentions, il en faut laisser le jugement à celui-là seul auquel il appartient.

Je ne dois point passer ici sous silence une objection

considérable[1] qui m'a déja été faite par un Philosophe* :
N'est-ce point, me dit-on ici, au climat, au tempérament, au
manque d'occasion, au défaut d'objet, à l'œconomie du gouver-
nement, aux Coûtumes, aux Loix, à toute autre cause qu'aux
Sciences qu'on doit attribuer cette différence qu'on remarque
quelquefois dans les mœurs en différens pays et en différens tems ?

Cette question renferme de grandes vuës et demanderoit des éclaircissemens trop étendus pour convenir
à cet écrit. D'ailleurs, il s'agiroit d'examiner les relations
très-cachées, mais très-réelles qui se trouvent entre la
nature du gouvernement, et le génie, les mœurs et les
connoissances des citoyens; et ceci me jetteroit dans des
discussions délicates, qui me pourroient mener trop
loin. De plus, il me seroit bien difficile de parler de gouvernement, sans donner trop beau jeu à mon Adversaire; et tout bien pesé, ce sont des recherches bonnes
à faire à Genêve, et dans d'autres circonstances[2].

Je passe à une accusation bien plus grave que l'objection précédente. Je la transcrirai dans ses propres termes;
car il est important de la mettre fidélement sous les yeux
du Lecteur.

Plus le Chrétien examine l'autenticité de ses Titres, plus
il se rassure dans la possession de sa croyance ; plus il étudie
la revélation, plus il se fortifie dans la foi : C'est dans les
divines Ecritures qu'il en découvre l'origine et l'excellence ;
c'est dans les doctes écrits des Peres de l'Eglise, qu'il en suit
de siécle en siécle le developpement ; c'est dans les Livres de
morale et les annales saintes, qu'il en voit les exemples et qu'il
s'en fait l'application.

Quoi ! l'ignorance enlevera à la Religion et à la vertu des
appuis si puissans ! et ce sera à elle qu'un Docteur de Genêve
enseignera hautement qu'on doit l'irrégularité des mœurs ! On
s'étonneroit davantage d'entendre un si étrange paradoxe, si
on ne sçavoit que la singularité d'un sy̆stême, quelque dangereux
qu'il soit, n'est qu'une raison de plus pour qui n'a pour régle
que l'esprit particulier.

J'ose le demander à l'Auteur; comment a-t'il pû jamais
donner une pareille interprétation aux principes que j'ai
établis ? Comment a-t'il pû m'accuser de blâmer l'étude
de la Religion, moi qui blâme sur-tout l'étude de nos
vaines Sciences, parce qu'elle nous détourne de celle

---

* Préf. de l'*Encycl.*

de nos devoirs ? et qu'est-ce que l'étude des devoirs du Chrétien, sinon celle de sa Religion même[1] ?

Sans doute, j'aurois dû blâmer expressément toutes ces puériles subtilités de la Scholastique, avec lesquelles, sous prétexte d'éclaircir les principes de la Religion, on en anéantit l'esprit en substituant l'orgueil scientifique à l'humilité chrétienne. J'aurois dû m'élever avec plus de force contre ces Ministres indiscrets, qui les premiers ont osé porter les mains à l'Arche, pour étayer avec leur foible sçavoir un édifice soûtenu par la main de Dieu. J'aurois dû m'indigner contre ces hommes frivoles, qui par leurs misérables pointilleries, ont avili la sublime simplicité de l'Evangile, et réduit en syllogismes la doctrine de Jesus-Christ. Mais il s'agit aujourd'hui de me défendre, et non d'attaquer.

Je vois que c'est par l'histoire et les faits qu'il faudroit terminer cette dispute. Si je sçavois exposer en peu de mots ce que les Sciences et la Religion ont eu de commun dès le commencement, peut-être cela serviroit-il à décider la question sur ce point.

Le Peuple que Dieu s'étoit choisi, n'a jamais cultivé les Sciences, et on ne lui en a jamais conseillé l'étude; cependant, si cette étude étoit bonne à quelque chose, il en auroit eu plus besoin qu'un autre. Au contraire, ses Chefs firent toûjours leurs efforts pour le tenir séparé autant qu'il étoit possible des Nations idolâtres et sçavantes qui l'environnoient. Précaution moins nécessaire pour lui d'un côté que de l'autre; car ce Peuple foible et grossier, étoit bien plus aisé à séduire par les fourberies des Prêtres de Bahal, que par les Sophismes des Philosophes.

Après des dispersions fréquentes parmi les Egyptiens et les Grecs, la Science eut encore mille peines à germer dans les têtes des Hébreux. Joseph et Philon, qui par tout ailleurs n'auroient été que deux hommes médiocres, furent des prodiges parmi eux. Les Saducéens, reconnoissables à leur irréligion, furent les Philosophes de Jérusalem; les Pharisiens, grands hipocrites*, en furent

---

* On voyoit regner entre ces deux partis, cette haine et ce mépris réciproque qui regnerent de tous tems entre les Docteurs et les Philosophes; c'est-à-dire, entre ceux qui font de leur tête un répertoire de la Science d'autrui, et ceux qui se piquent d'en avoir une

les Docteurs *(a)*. Ceux-ci, quoi qu'ils bornassent à peu près leur Science à l'étude de la Loi, faisoient cette étude avec tout le faste et toute la suffisance dogmatique; ils observoient aussi avec un très-grand soin toutes les pratiques de la Religion; mais l'Évangile nous apprend l'esprit de cette exactitude, et le cas qu'il en faloit faire : au surplus, ils avoient tous très-peu de Science et beaucoup d'orgüeil; et ce n'est pas en cela qu'ils différoient le plus de nos Docteurs d'aujourd'hui.

Dans l'établissement de la nouvelle Loi, ce ne fut point à des Sçavans que Jesus-Christ voulut confier sa doctrine et son ministere. Il suivit dans son choix la prédilection qu'il a montrée en toute occasion pour les petits et les simples. Et dans les instructions qu'il donnoit à ses disciples, on ne voit pas un mot d'étude ni de Science, si ce n'est pour marquer le mépris qu'il faisoit de tout cela.

Après la mort de Jesus-Christ, douze pauvres pêcheurs et artisans entreprirent d'instruire et de convertir le monde. Leur méthode étoit simple; ils prêchoient sans Art, mais avec un cœur pénétré, et de tous les miracles dont Dieu honoroit leur foi, le plus frappant étoit la sainteté de leur vie; les disciples suivirent cet exemple, et le succès fut prodigieux. Les Prêtres Payens allarmés[1] firent entendre aux Princes que l'état étoit perdu parce que les offrandes diminuoient. Les persécutions s'éleverent, et les persécuteurs ne firent qu'accélérer les progrès de cette Religion qu'ils vouloient étouffer. Tous les Chrétiens couroient au martyre, tous les Peuples couroient au Baptême : l'histoire de ces premiers tems est un prodige continuel.

Cependant les Prêtres des idoles, non contens de persécuter les Chrétiens, se mirent à les calomnier; les Philosophes, qui ne trouvoient pas leur compte dans une Religion qui prêche l'humilité, se joignirent à leurs Prêtres *(b)*. Les railleries et les injures pleuvoient de

---

à eux. Mettez aux prises le maître de musique et le maître à danser du Bourgeois Gentilhomme, vous aurez l'antiquaire et le bel esprit; le Chymiste et l'Homme de Lettres; le Jurisconsulte et le Médecin; le Géometre et le Versificateur; le Théologien et le Philosophe; pour bien juger de tous ces Gens-là, il suffit de s'en rapporter à eux-mêmes, et d'écouter ce que chacun vous dit, non de soi, mais des autres.

toutes parts sur la nouvelle Secte. Il falut prendre la plume pour se défendre. Saint Justin Martyr* écrivit

* Ces premiers écrivains qui scelloient de leur sang le témoignage de leur plume, seroient aujourd'hui des Auteurs bien scandaleux; car ils soûtenoient précisément le même sentiment que moi. Saint Justin dans son entretien avec Triphon, passe en revuë les diverses Sectes de Philosophie dont il avoit autrefois essayé, et les rend si ridicules qu'on croiroit lire un Dialogue de Lucien: aussi voit-on dans l'Apologie de Tertullien, combien les premiers Chrétiens se tenoient offensés d'être pris pour des Philosophes (a).

Ce seroit, en effet, un détail bien flétrissant pour la Philosophie, que l'exposition des maximes pernicieuses, et des dogmes impies de ses diverses Sectes. Les Epicuriens nioient toute providence, les Académiciens doutoient de l'existence de la Divinité, et les Stoïciens de l'immortalité de l'ame. Les Sectes moins célebres n'avoient pas de meilleurs sentimens; en voici un échantillon dans ceux de Théodore, chef d'une des deux branches des Cyrenaïques, rapporté par Diogéne Laerce. *Sustulit amicitiam quod ea nequè insipientibus neque sapientibus adsit. ... Probabile dicebat prudentem virum non seipsum pro patria periculis exponere, neque enim pro insipientium commodis amittendam esse prudentiam. Furto quoque et adulterio et sacrilegio cum tempestivum erit daturum operam sapientem. Nihil quippe horum turpe naturâ esse. Sed auferatur de hisce vulgaris opinio, quae è stultorum imperitorumque plebeculâ conflata est... sapientem publicè absque ullo pudore ac suspicione scortis congressurum*[1].

Ces opinions sont particulieres, je le sçais; mais y a-t'il une seule de toutes les Sectes qui ne soit tombée dans quelque erreur dangereuse; et que dirons-nous de la distinction des deux doctrines si avidement reçuë de tous les Philosophes, et par laquelle ils professoient en secret des sentimens contraires à ceux qu'ils enseignoient publiquement? Pythagore fut le premier qui fit usage de la doctrine intérieure; il ne la découvroit à ses disciples qu'après de longues épreuves et avec le plus grand mystère; il leur donnoit en secret des leçons d'Athéisme, et offroit solemnellement des Hécatombes à Jupiter. Les Philosophes se trouverent si bien de cette méthode, qu'elle se répandit rapidement dans la Grece, et de-là dans Rome; comme on le voit par les ouvrages de Ciceron, qui se moquoit avec ses amis des Dieux immortels, qu'il attestoit avec tant d'emphase sur la Tribune aux harangues. La doctrine intérieure n'a point été portée d'Europe à la Chine; mais elle y est née aussi avec la Philosophie; et c'est à elle que les Chinois sont redevables de cette foule d'Athées ou de Philosophes qu'ils ont parmi eux. L'Histoire de cette fatale doctrine, faite par un homme instruit et sincére, seroit un terrible coup porté à la Philosophie ancienne et moderne. Mais la Philosophie bravera toûjours la raison, la vérité, et le tems même; parce qu'elle a sa source dans l'orgüeil humain, plus fort que toutes ces choses[2].

le premier l'Apologie de sa foi. On attaqua les Payens à leur tour; les attaquer c'étoit les vaincre; les premiers succès encouragerent d'autres écrivains : sous prétexte d'exposer la turpitude du Paganisme, on se jetta dans la mythologie et dans l'érudition[1]*; on voulut montrer de la Science et du bel esprit, les Livres parurent en foule, et les mœurs commencerent à se relâcher.

Bien-tôt on ne se contenta plus de la simplicité de l'Evangile et de la foi des Apôtres, il falut toûjours avoir plus d'esprit que ses prédécesseurs. On subtilisa sur tous les dogmes; chacun voulut soûtenir son opinion, personne ne voulut céder. L'ambition d'être Chef de Secte se fit entendre, les hérésies pullulerent de toutes parts.

L'emportement et la violence ne tarderent pas à se joindre à la dispute. Ces Chrétiens si doux, qui ne sçavoient que tendre la gorge aux coûteaux, devinrent entr'eux des persécuteurs furieux pires que les idolâtres : tous tremperent dans les mêmes excès, et le parti de la vérité ne fut pas soûtenu avec plus de modération que celui de l'erreur.

Un autre mal encore plus dangereux naquit de la même source. C'est l'introduction de l'ancienne Philosophie dans la doctrine Chrétienne. A force d'étudier les Philosophes Grecs, on crut y voir des rapports avec le Christianisme. On osa croire que la Religion en deviendroit plus respectable, revêtuë de l'autorité de la Philosophie; il fut un tems où il faloit être Platonicien pour être Orthodoxe; et peu s'en falut que Platon d'abord, et ensuite Aristote ne fut placé sur l'Autel à côté de Jesus-Christ[2].

L'Eglise s'éleva plus d'une fois contre ces abus. Ses plus illustres défenseurs les déplorerent souvent en termes pleins de force et d'énergie : souvent ils tenterent d'en bannir toute cette Science mondaine, qui en souilloit

---

* On a fait de justes reproches à Clément d'Alexandrie, d'avoir affecté dans ses écrits une érudition profane, peu convenable à un Chrétien. Cependant, il semble qu'on étoit excusable alors de s'instruire de la doctrine contre laquelle on avoit à se défendre. Mais qui pourroit voir sans rire toutes les peines que se donnent aujourd'hui nos Sçavans pour éclaircir les rêveries de la mythologie ?

la pureté. Un des plus illustres Papes en vint même jusqu'à cet excès de zéle de soûtenir que c'étoit une chose honteuse d'asservir la parole de Dieu aux régles de la Grammaire[1].

Mais ils eurent beau crier; entraînés par le torrent, ils furent contraints de se conformer eux-mêmes à l'usage qu'ils condamnoient; et ce fut d'une maniére très-sçavante, que la plûpart d'entre eux déclamerent contre le progrès des Sciences.

Après de longues agitations, les choses prirent enfin une assiete plus fixe. Vers le dixiéme siécle, le flambeau des Sciences cessa d'éclairer la terre; le Clergé demeura plongé dans une ignorance, que je ne veux pas justifier, puisqu'elle ne tomboit pas moins sur les choses qu'il doit sçavoir que sur celles qui lui sont inutiles, mais à laquelle l'Eglise gagna du moins un peu plus de repos qu'elle n'en avoit éprouvé jusques-là.

Après la renaissance des Lettres, les divisions ne tarderent pas à recommencer plus terribles que jamais. De sçavans Hommes émurent la querelle, de sçavans Hommes la soûtinrent, et les plus capables se montrerent toûjours les plus obstinés. C'est en vain qu'on établit des conférences entre les Docteurs des différens partis : aucun n'y portoit l'amour de la réconciliation, ni peut-être celui de la vérité; tous n'y portoient que le désir de briller aux dépens de leur Adversaire; chacun vouloit vaincre, nul ne vouloit s'instruire; le plus fort imposoit silence au plus foible; la dispute se terminoit toûjours par des injures, et la persécution en a toûjours été le fruit. Dieu seul sçait quand tous ces maux finiront.

Les Sciences sont florissantes aujourd'hui, la Littérature et les Arts brillent parmi nous; quel profit en a tiré la Religion ? Demandons-le à cette multitude de Philosophes qui se piquent de n'en point avoir. Nos Bibliothéques regorgent de Livres de Théologie; et les Casuistes fourmillent parmi nous. Autrefois nous avions des Saints et point de Casuistes. La Science s'étend et la foi s'anéantit. Tout le monde veut enseigner à bien faire, et personne ne veut l'apprendre; nous sommes tous devenus Docteurs, et nous avons cessé d'être Chrétiens.

Non, ce n'est point avec tant d'Art et d'appareil que l'Evangile s'est étendu par tout l'Univers, et que sa beauté ravissante a pénétré les cœurs. Ce divin Livre,

le seul nécessaire à un Chrétien, et le plus utile de tous
à quiconque même ne le seroit pas, n'a besoin que d'être
médité pour porter dans l'ame l'amour de son Auteur,
et la volonté d'accomplir ses préceptes[1]. Jamais la vertu
n'a parlé un si doux langage; jamais la plus profonde
sagesse ne s'est exprimée avec tant d'énergie et de simplicité. On n'en quitte point la lecture sans se sentir
meilleur qu'auparavant. O vous, Ministres de la Loi
qui m'y est annoncée, donnez-vous moins de peine
pour m'instruire de tant de choses inutiles. Laissez-là
tous ces Livres Sçavans, qui ne sçavent ni me convaincre,
ni me toucher. Prosternez-vous au pied de ce Dieu de
miséricorde, que vous vous chargez de me faire connoître
et aimer; demandez-lui pour vous cette humilité pro-
fonde que vous devez me prêcher. N'étalez point à mes
yeux cette Science orgueilleuse, ni ce faste indécent qui
vous déshonorent et qui me révoltent; soyez touchés
vous-mêmes, si vous voulez que je le sois; et sur tout,
montrez-moi dans votre conduite la pratique de cette
Loi dont vous prétendez m'instruire. Vous n'avez pas
besoin d'en sçavoir, ni de m'en enseigner davantage,
et votre ministere est accompli. Il n'est point en tout
cela question de belles Lettres, ni de Philosophie. C'est
ainsi qu'il convient de suivre et de prêcher l'Evangile,
et c'est ainsi que ses premiers défenseurs l'ont fait triom-
pher de toutes les Nations, *non Aristotelico more,* disoient
les Peres de l'Eglise, *sed Piscatorio (a).*

Je sens que je deviens long, mais j'ai crû ne pouvoir
me dispenser de m'étendre un peu sur un point de
l'importance de celui-ci. De plus, les Lecteurs impatiens
doivent faire réfléxion que c'est une chose bien commode
que la critique; car où l'on attaque avec un mot, il faut
des pages pour se défendre.

Je passe à la deuxiéme partie de la Réponse, sur
laquelle je tâcherai d'être plus court, quoique je n'y
trouve guéres moins d'observations à faire.

Ce n'est pas des Sciences, me dit-on, *c'est du sein des
richesses que sont nés de tout tems la molesse et le luxe.* Je
n'avois pas dit non plus, que le luxe fut né des Sciences;
mais qu'ils étoient nés ensemble et que l'un n'alloit guéres
sans l'autre. Voici comment j'arrangerois cette généa-
logie. La première source du mal est l'inégalité; de l'inégalité sont venuës les richesses; car ces mots de pauvre

et de riche sont relatifs, et par tout où les hommes seront égaux, il n'y aura ni riches ni pauvres. Des richesses sont nés le luxe et l'oisiveté; du luxe sont venus les beaux Arts, et de l'oisiveté les Sciences. *Dans aucun tems les richesses n'ont été l'appanage des Sçavans.* C'est en cela même que le mal est plus grand, les riches et les sçavans ne servent qu'à se corrompre mutuellement. Si les riches étoient plus sçavans, ou que les sçavans fussent plus riches; les uns seroient de moins lâches flateurs; les autres aimeroient moins la basse flaterie, et tous en vaudroient mieux. C'est ce qui peut se voir par le petit nombre de ceux qui ont le bonheur d'être sçavans et riches tout à la fois. *Pour un Platon dans l'opulence, pour un Aristippe accrédité à la Cour, combien de Philosophes réduits au manteau et à la besace, enveloppés dans leur propre vertu et ignorés dans leur solitude?* Je ne disconviens pas qu'il n'y ait un grand nombre de Philosophes très-pauvres, et sûrement très-fâchés de l'être : je ne doute pas non plus que ce ne soit à leur seule pauvreté, que la plûpart d'entre eux doivent leur Philosophie : mais quand je voudrois bien les supposer vertueux, seroit-ce sur leurs mœurs que le peuple ne voit point, qu'il apprendroit à réformer les siennes? *Les Sçavans n'ont ni le goût, ni le loisir d'amasser de grands biens.* Je consens à croire qu'ils n'en ont pas le loisir. *Ils aiment l'étude.* Celui qui n'aimeroit pas son métier, seroit un homme fou, ou bien misérable. *Ils vivent dans la médiocrité ;* il faut être extrêmement disposé en leur faveur pour leur en faire un mérite. *Une vie laborieuse et moderée, passée dans le silence de la retraite, occupée de la lecture et du travail, n'est pas assurement une vie voluptueuse et criminelle.* Non pas du moins aux yeux des hommes : tout dépend de l'intérieur. Un homme peut être contraint à mener une telle vie, et avoir pourtant l'ame très-corrompuë; d'ailleurs qu'importe qu'il soit lui-même vertueux et modeste, si les travaux dont il s'occupe, nourrissent l'oisiveté et gâtent l'esprit de ses concitoyens? *Les commodités de la vie pour être souvent le fruit des Arts, n'en sont pas davantage le partage des Artistes.* Il ne me paroît guéres qu'ils soient gens à se les refuser; sur tout ceux qui s'occupant d'Arts tout-à-fait inutiles et par conséquent très-lucratifs, sont plus en état de se procurer tout ce qu'ils desirent. *Ils ne travaillent que pour les riches.*

Au train que prennent les choses, je ne serois pas étonné
de voir quelque jour les riches travailler pour eux. *Et
ce sont les riches oisifs qui profitent et abusent des fruits de
leur industrie.* Encore une fois, je ne vois point que nos
Artistes soient des gens si simples et si modestes; le
luxe ne sçauroit regner dans un ordre de Citoyens, qu'il
ne se glisse bien-tôt parmi tous les autres sous différentes
modifications, et par tout il fait le même ravage.

Le luxe corrompt tout; et le riche qui en joüit, et le
misérable qui le convoite. On ne sçauroit dire que ce
soit un mal en soi de porter des manchetes de point,
un habit brodé, et une boëte émaillée. Mais c'en est un
très-grand de faire quelque cas de ces colifichets, d'estimer heureux le peuple qui les porte, et de consacrer
à se mettre en état d'en acquérir de semblables, un tems
et des soins que tout homme doit à de plus nobles objets.
Je n'ai pas besoin d'apprendre quel est le métier de celui
qui s'occupe de telles vuës, pour sçavoir le jugement
que je dois porter de lui.

J'ai passé le beau portrait qu'on nous fait ici des
Sçavans, et je crois pouvoir me faire un mérite de cette
complaisance. Mon Adversaire est moins indulgent :
non-seulement il ne m'accorde rien qu'il puisse me refuser; mais plutôt que de passer condamnation sur le mal
que je pense de notre vaine et fausse politesse, il aime
mieux excuser l'hypocrisie. Il me demande si je voudrois
que le vice se montrât à découvert ? Assurément je le
voudrois. La confiance et l'estime renaîtroient entre les
bons, on apprendroit à se défier des méchans, et la
société en seroit plus sûre. J'aime mieux que mon ennemi
m'attaque à force ouverte, que de venir en trahison me
frapper par derrière. Quoi donc ! faudra-t'il joindre le
scandale au crime ? Je ne sçais; mais je voudrois bien
qu'on n'y joignît pas la fourberie. C'est une chose très-
commode pour les vicieux que toutes les maximes qu'on
nous débite depuis long-tems sur le scandale : si on les
vouloit suivre à la rigueur, il faudroit se laisser piller,
trahir, tuer impunément et ne jamais punir personne;
car c'est un objet très-scandaleux, qu'un scelerat sur la
roüe. Mais l'hypocrisie est un hommage que le vice
rend à la vertu[1] ? Oui, comme celui des assassins de Cesar,
qui se prosternoit[2] à ses pieds pour l'égorger plus sûrement. Cette pensée a beau être brillante, elle a beau être

autorisée du nom célebre de son Auteur *(a)*, elle n'en
est pas plus juste. Dira-t'on jamais d'un filou, qui prend
la livrée d'une maison pour faire son coup plus commodément, qu'il rend hommage au maître de la maison
qu'il vole ? Non, couvrir sa méchanceté du dangereux
manteau de l'hypocrisie, ce n'est point honorer la vertu;
c'est l'outrager en profanant ses enseignes; c'est ajoûter
la lâcheté et la fourberie à tous les autres vices; c'est se
fermer pour jamais tout retour vers la probité. Il y a
des caractéres élevés qui portent jusques dans le crime
je ne sçai quoi de fier et de généreux, qui laisse voir au
dedans encore quelque étincelle de ce feu céleste fait
pour animer les belles ames. Mais l'ame vile et rempante
de l'hypocrite est semblable à un cadavre, où l'on ne
trouve plus ni feu, ni chaleur, ni ressource à la vie. J'en
appelle à l'expérience. On a vû de grands scélerats rentrer en eux-mêmes, achever sainement leur carriére
et mourir en prédestinés. Mais ce que personne n'a jamais
vû, c'est un hypocrite devenir homme de bien; on
auroit pû raisonnablement tenter la conversion de Cartouche, jamais un homme sage n'eut entrepris celle de
Cromwel.

    J'ai attribué au rétablissement des Lettres et des Arts,
l'élégance et la politesse qui regnent dans nos maniéres.
L'Auteur de la Réponse me le dispute, et j'en suis étonné :
car puisqu'il fait tant de cas de la politesse, et qu'il fait
tant de cas des Sciences, je n'apperçois pas l'avantage
qui lui reviendra d'ôter à l'une de ces choses l'honneur
d'avoir produit l'autre. Mais examinons ses preuves :
elles se réduisent en ceci. *On ne voit point que les Sçavans
soient plus polis que les autres hommes : au contraire, ils le
sont souvent beaucoup moins ; donc notre politesse n'est pas
l'ouvrage des Sciences.*

    Je remarquerai d'abord qu'il s'agit moins ici de
Sciences que de Littérature, de beaux Arts et d'ouvrages
de goût; et nos beaux esprits, aussi peu Sçavans qu'on
voudra, mais si polis, si répandus, si brillans, si petits
maîtres[1], se reconnoîtront difficilement à l'air maussade
et pédantesque que l'Auteur de la Réponse leur veut
donner. Mais passons-lui cet antécédent; accordons, s'il
le faut, que les Sçavans, les Poëtes et les beaux esprits
sont tous également ridicules; que Messieurs de l'Académie des Belles-Lettres, Messieurs de l'Académie des

Sciences, Messieurs de l'Académie Françoise, sont des
gens grossiers, qui ne connoissent ni le ton, ni les usages
du monde, et exclus par état de la bonne compagnie;
l'Auteur gagnera peu de chose à cela, et n'en sera pas
plus en droit de nier que la politesse et l'urbanité qui
regnent parmi nous soient l'effet du bon goût, puisé
d'abord chez les anciens et répandu parmi les peuples
de l'Europe par les Livres agréables qu'on y publie de
toutes parts*. Comme les meilleurs maîtres à danser,
ne sont pas toûjours les gens qui se présentent le mieux,
on peut donner de très-bonnes leçons de politesse, sans
vouloir ou pouvoir être fort poli soi-même. Ces pesans
Commentateurs qu'on nous dit qui[1] connoissoient tout
dans les anciens, hors la grace et la finesse, n'ont pas
laissé, par leurs ouvrages utiles, quoique méprisés, de
nous apprendre à sentir ces beautés qu'ils ne sentoient
point. Il en est de même de cet agrément du commerce,
et de cette élégance de mœurs qu'on substituë à leur
pureté, et qui s'est fait remarquer chez tous les peuples
où les Lettres ont été en honneur, à Athènes, à Rome, à
la Chine[2], par tout on a vû la politesse et du langage et
des maniéres accompagner toûjours, non les Sçavans
et les Artistes, mais les Sciences et les beaux Arts.

L'Auteur attaque en suite les loüanges que j'ai données
à l'ignorance : et me taxant d'avoir parlé plus en Orateur
qu'en Philosophe, il peint l'ignorance à son tour; et l'on
peut bien se douter qu'il ne lui prête pas de belles
couleurs.

Je ne nie point qu'il ait raison, mais je ne crois pas

---

* Quand il est question d'objets aussi géneraux que les mœurs
et les manières d'un peuple, il faut prendre garde de ne pas toujours
retrécir ses vûes, sur des exemples particuliers. Ce seroit le moyen
de ne jamais appercevoir les sources des choses. Pour sçavoir si
j'ai raison d'attribuer la politesse à la culture des Lettres, il ne faut
pas chercher si un Sçavant ou un autre sont des gens polis; mais
il faut examiner les rapports qui peuvent être entre la littérature
et la politesse, et voir ensuite quels sont les peuples chez lesquels
ces choses qui influent sur les mœurs d'une Nation, et sur lesquelles
j'entens faire chaque jour tant de pitoyables raisonnemens : Examiner tout cela en petit et sur quelques individus, ce n'est pas Phi-
losopher, c'est perdre son tems et ses réflexions; car on peut
connoître à fond Pierre ou Jacques, et avoir fait très-peu de progrès
dans la connoissance des hommes[a].

avoir tort. Il ne faut qu'une distinction très-juste et très-vraie pour nous concilier.

Il y a une ignorance féroce* et brutale, qui naît d'un mauvais cœur et d'un esprit faux; une ignorance criminelle qui s'étend jusqu'aux devoirs de l'humanité; qui multiplie les vices; qui dégrade la raison, avilit l'ame et rend les hommes semblables aux bêtes : cette ignorance est celle que l'Auteur attaque, et dont il fait un portrait fort odieux et fort ressemblant. Il y a une autre sorte d'ignorance raisonnable, qui consiste à borner sa curiosité à l'étenduë des facultés qu'on a reçuës; une ignorance modeste, qui naît d'un vif amour pour la vertu, et n'inspire qu'indifférence sur toutes les choses qui ne sont point dignes de remplir le cœur de l'homme, et qui ne contribuent point à le rendre meilleur; une douce et précieuse ignorance, trésor d'une ame pure et contente de soi, qui met toute sa félicité à se replier sur elle-même, à se rendre témoignage de son innocence, et n'a pas besoin de chercher un faux et vain bonheur dans l'opinion que les autres pourroient avoir de ses lumiéres : Voilà l'ignorance que j'ai louée, et celle que je demande au Ciel en punition du scandale que j'ai causé aux doctes[1], par mon mépris déclaré pour les Sciences humaines.

Que l'on compare, dit l'Auteur, *à ces tems d'ignorance et de barbarie, ces siécles heureux où les Sciences ont répandu par tout l'esprit d'ordre et de justice.* Ces siécles heureux seront difficiles à trouver; mais on en trouvera plus aisément où, grace aux Sciences, Ordre et Justice ne seront plus que de vains noms faits pour en imposer au peuple, et où l'apparence en aura été conservée avec soin, pour les détruire en effet plus impunément. *On voit de nos jours des guerres moins fréquentes, mais plus justes;* en quelque

---

* Je serai fort étonné, si quelqu'un de mes critiques ne part de l'éloge que j'ai fait de plusieurs peuples ignorans et vertueux, pour m'opposer la liste de toutes les troupes de Brigands qui ont infecté la terre, et qui pour l'ordinaire n'étoient pas de fort Sçavans hommes. Je les exhorte d'avance, à ne pas se fatiguer à cette recherche, à moins qu'ils ne l'estiment nécessaire pour me montrer de l'érudition. Si j'avois dit qu'il suffit d'être ignorant pour être vertueux; ce ne seroit pas la peine de me répondre; et par la même raison, je me croirai très-dispensé de répondre moi-même à ceux qui perdront leur tems à me soûtenir le contraire *(a)*.

tems que ce soit, comment la guerre pourra-t'elle être plus juſte dans l'un des partis, sans être plus injuſte dans l'autre ? Je ne sçaurois concevoir cela ! *Des actions moins étonnantes, mais plus héroïques.* Personne assûrement ne disputera à mon Adversaire le droit de juger de l'héroïsme; mais pense-t'il que ce qui n'eſt point étonnant pour lui, ne le soit pas pour nous ? *Des victoires moins sanglantes, mais plus glorieuses ; des Conquêtes moins rapides, mais plus assurées ; des guerriers moins violens, mais plus redoutés ; sçachant vaincre avec modération, traitant les vaincus avec humanité ; l'honneur eſt leur guide, la gloire leur récompense.* Je ne nie point à l'Auteur qu'il y ait *(a)* de grands hommes parmi nous, il lui seroit trop aisé d'en fournir la preuve; ce qui n'empêche point que les peuples ne soient très-corrompus. Au reſte, ces choses sont si vagues qu'on pourroit presque les dire de tous les âges; et il eſt impossible d'y répondre, parce qu'il faudroit feuilleter des Bibliothéques et faire des infolio pour établir des preuves pour ou contre.

Quand Socrate a maltraité les Sciences, il n'a pû, ce me semble, avoir en vuë, ni l'orgueil des Stoïciens, ni la mollesse des Epicuriens, ni l'absurde jargon des Pyrrhoniens, parce qu'aucun de tous ces gens-là n'exiſtoit de son tems. Mais ce léger anacronisme n'eſt point messéant à mon Adversaire[1] : il a mieux employé sa vie qu'à vérifier des dates, et n'eſt pas plus obligé de sçavoir par cœur son Diogene-Laërce, que moi d'avoir vû de près ce qui se passe dans les combats.

Je conviens donc, que Socrate n'a songé qu'à relever les vices des Philosophes de son tems : mais je ne sçais qu'en conclure, sinon que dès ce tems-là les vices pulluloient avec les Philosophes. A cela on me répond que c'eſt l'abus de la Philosophie, et je ne pense pas avoir dit le contraire. Quoi ! faut-il donc supprimer toutes les choses dont on abuse ? Oüi sans doute, répondrai-je sans balancer : toutes celles qui sont inutiles; toutes celles dont l'abus fait plus de mal que leur usage ne fait de bien.

Arrêtons-nous un inſtant sur cette derniére conséquence, et gardons-nous d'en conclure qu'il faille aujourd'hui brûler toutes les Bibliothéques et détruire les Universités et les Académies. Nous ne ferions que replonger l'Europe dans la Barbarie, et les mœurs n'y gagneroient rien*[1]. C'est avec douleur que je vais prononcer une grande et fatale vérité. Il n'y a qu'un pas du sçavoir à l'ignorance; et l'alternative de l'un à l'autre est fréquente chez les Nations; mais on n'a jamais vû de peuple une fois corrompu, revenir à la vertu. En vain vous prétendriez détruire les sources du mal; en vain vous ôteriez les alimens de la vanité, de l'oisiveté et du luxe; en vain même vous raméneriez les hommes à cette premiére égalité, conservatrice de l'innocence et source de toute vertu : leurs cœurs une fois gâtés le seront toûjours; il n'y a plus de reméde, à moins de quelque grande révolution presque aussi à craindre que le mal qu'elle pourroit guérir, et qu'il est blamable de désirer et impossible de prévoir.

Laissons donc les Sciences et les Arts adoucir en quelque sorte la férocité des hommes qu'ils ont corrompus; cherchons à faire une diversion sage, et tâchons de donner le change à leurs passions. Offrons quelques alimens à ces Tygres, afin qu'ils ne devorent pas nos enfans. Les lumiéres du méchant sont encore moins à craindre que sa brutale stupidité; elles le rendent au moins plus circonspect sur le mal qu'il pourroit faire, par la connoissance de celui qu'il en recevroit lui-même.

J'ai loüé les Académies et leurs illustres fondateurs, et j'en répéterai volontiers l'éloge. Quand le mal est incurable, le Médecin applique des palliatifs, et proportionne les remédes, moins aux besoins qu'au tempérament du malade. C'est aux sages législateurs d'imiter sa prudence; et, ne pouvant plus approprier aux Peuples malades, la plus excellente police, de leur donner du moins, comme Solon, la meilleure qu'ils puissent comporter.

Il y a en Europe un grand Prince[2], et ce qui est bien plus, un vertueux Citoyen, qui dans la patrie qu'il a adoptée et qu'il rend heureuse, vient de former plusieurs institutions en faveur des Lettres. Il a fait en cela une chose très-digne de sa sagesse et de sa vertu. Quand il est question d'établissemens politiques, c'est le tems et le

---

* *Les vices nous resteroient,* dit le Philosophe que j'ai déjà cité, *et nous aurions l'ignorance de plus.* Dans le peu de lignes que cet Auteur a écrites sur ce grand sujet, on voit qu'il a tourné les yeux de ce côté, et qu'il a vû loin.

lieu qui décident de tout. Il faut pour leurs propres intérêts que les Princes favorisent toûjours les Sciences et les Arts ; j'en ai dit la raison : et dans l'état présent des choses, il faut encore qu'ils les favorisent aujourd'hui pour l'intérêt même des Peuples. S'il y avoit actuellement parmi nous quelque Monarque assez borné pour penser et agir différemment, ses sujets resteroient pauvres et ignorans, et n'en seroient pas moins vicieux. Mon Adversaire a négligé de tirer avantage d'un exemple si frappant et si favorable en apparence à sa cause ; peut-être est-il le seul qui l'ignore, ou qui n'y ait pas songé. Qu'il souffre donc qu'on le lui rappelle ; qu'il ne refuse point à de grandes choses les éloges qui leur sont dûs ; qu'il les admire ainsi que nous, et ne s'en tienne pas plus fort contre les vérités qu'il attaque.

LETTRE DE J. J. ROUSSEAU,

DE GENEVE,

A M. GRIMM[1] *(a)*,

Sur la réfutation de son Discours,

Par M. GAUTIER[2],

Professeur de Mathématiques et d'Histoire,
et Membre de l'Académie Royale des
Belles-Lettres de Nancy.

JE vous renvoye, Monsieur, le Mercure d'Octobre que vous avez eu la bonté de me preter. J'y ai lu avec beaucoup de plaisir la réfutation que M. Gautier a pris la peine de faire de mon Discours; mais je ne crois pas être, comme vous le prétendez, dans la nécessité d'y répondre; et voici mes objections.

1. Je ne puis me persuader que pour avoir raison, on soit indispensablement obligé de parler le dernier.

2. Plus je relis la réfutation, et plus je suis convaincu que je n'ai pas besoin de donner à M. Gautier d'autre réplique que le Discours même auquel il a répondu. Lisez, je vous prie, dans l'un et l'autre écrit les articles du luxe, de la guerre, des Académies, de l'éducation; lisez la Prosopopée de Louis le Grand[3] et celle de Fabricius; enfin, lisez la conclusion de M. Gautier et la mienne, et vous comprendrez ce que je veux dire *(b)*.

3. Je pense en tout si différemment de M. Gautier, que s'il me falloit relever tous les endroits où nous ne sommes pas de même avis, je serois obligé de le combattre, même dans les choses que j'aurois dites comme lui, et cela me donneroit un air contrariant que je voudrois bien pouvoir éviter. Par exemple, en parlant de la

politesse, il fait entendre très-clairement que pour devenir homme de bien, il est bon de commencer par être
hypocrite, et que la fausseté est un chemin sûr pour
arriver à la vertu. Il dit encore que les vices ornés par la
politesse ne sont pas contagieux, comme ils le seroient,
s'ils se présentoient de front avec rusticité; que l'art de
pénétrer les hommes a fait le même progrès que celui
de se déguiser; qu'on est convaincu qu'il ne faut pas
compter sur eux, à moins qu'on ne leur plaise ou qu'on
ne leur soit utile; qu'on sçait évaluer les offres spécieuses
de la politesse; c'est-à-dire, sans doute, que quand deux
hommes se font des complimens, et que l'un dit à l'autre
dans le fond de son cœur : *je vous traite comme un sot, et
je me mocque de vous,* l'autre lui répond dans le fond du
sien : *je sçai que vous mentez impudemment, mais je vous le
rends de mon mieux.* Si j'avois voulu employer la plus
amère ironie, j'en aurois pu dire à peu près autant[1].

4. On voit à chaque page de la réfutation, que l'Auteur
n'entend point ou ne veut point entendre l'ouvrage qu'il
réfute, ce qui lui est assurément fort commode; parceque
répondant sans cesse à sa pensée, et jamais à la mienne,
il a la plus belle occasion du monde de dire tout ce qu'il
lui plaît. D'un autre côté, si ma réplique en devient plus
difficile, elle en devient aussi moins nécessaire : car on
n'a jamais oui dire qu'un Peintre qui expose en public
un tableau soit obligé de visiter les yeux des spectateurs,
et de fournir des lunettes à tous ceux qui en ont besoin.

D'ailleurs, il n'est pas bien sûr que je me fisse entendre
même en répliquant; par exemple, je sçais[2], dirois-je à
M. Gautier *(a)*, que nos soldats ne sont point des Reau-
murs et des Fontenelles[3], et c'est tant pis pour eux, pour
nous, et sur-tout pour les ennemis. Je sçais qu'ils ne
sçavent rien, qu'ils sont brutaux et grossiers, et toutes-
fois j'ai dit, et je dis encore, qu'ils sont énervés par les
Sciences qu'ils méprisent, et par les beaux-Arts qu'ils
ignorent. C'est un des grands inconvéniens *(b)* de la culture des Lettres, que pour quelques hommes qu'elles
éclairent, elles corrompent à pure perte toute une nation.
Or vous voyez bien, Monsieur, que ceci ne seroit qu'un
autre paradoxe inexplicable pour M. Gautier; pour ce
M. Gautier qui me demande fièrement ce que les Troupes
ont de commun avec les Académies; si les soldats en
auront plus de bravoure pour être mal vêtus et mal

nourris; ce que je veux dire en avançant qu'à force d'honorer les talents on néglige les vertus; et d'autres questions semblables, qui toutes montrent qu'il eſt impossible
d'y répondre intelligiblement au gré de celui qui les fait.
Je crois que vous conviendrez que ce n'eſt pas la peine
de m'expliquer une seconde fois pour n'être pas mieux
entendu que la première.

5. Si je voulois répondre à la première partie de la
réfutation, ce seroit le moyen de ne jamais finir. M. Gautier juge à propos de me prescrire les Auteurs que je
puis citer, et ceux qu'il faut que je rejette. Son choix
eſt tout-à-fait naturel; il récuse l'autorité de ceux qui
déposent pour moi, et veut que je m'en rapporte à ceux
qu'il croit m'être contraires. En vain voudrois-je lui
faire entendre qu'un seul témoignage en ma faveur eſt
décisif, tandis que cent témoignages ne prouvent rien
contre mon sentiment, parce que les témoins sont parties dans le procès; en vain le prierois-je de diſtinguer
dans les exemples qu'il allégue; en vain lui représente-
rois-je qu'être barbare ou criminel sont deux choses
tout-à-fait différentes, et que les peuples véritablement
corrompus sont moins ceux qui ont de mauvaises Loix,
que ceux qui méprisent les Loix *(a)*; sa réplique eſt
aisée à prévoir : Le moyen qu'on puisse ajoûter foi à des
Ecrivains scandaleux, qui osent louer des barbares qui
ne sçavent ni lire ni écrire! Le moyen qu'on puisse
jamais supposer de la pudeur à des gens qui vont tout
nuds, et de la vertu à ceux qui mangent de la chair
cruë? Il faudra donc disputer. Voilà donc Herodote,
Strabon, Pomponius-Mela aux prises avec Xenophon,
Juſtin, Quinte-Curse, Tacite; nous voilà donc *(b)* dans
les recherches de Critiques *(c)*, dans les Antiquités,
dans l'érudition[1]. Les Brochures se transforment en
Volumes, les Livres se multiplient, et la queſtion s'oublie : c'eſt le sort des disputes de Littérature, qu'après
des in-Folio d'éclaircissemens, on finit toûjours par ne
sçavoir plus où l'on en eſt : ce n'eſt pas la peine de
commencer.

Si je voulois répliquer à la seconde Partie, cela seroit
bien-tôt fait; mais je n'apprendrois rien à personne.
M. Gautier se contente, pour m'y refuter, de dire oui
par-tout où j'ai dit non, et non par-tout où j'ai dit oui;
je n'ai donc qu'à dire encore non par-tout où j'avois

dit non, oui par-tout où j'avois dit oui, et supprimer les preuves, j'aurai très-exactement répondu. En suivant la méthode de M. Gautier, je ne puis donc répondre aux deux Parties de la réfutation sans en dire trop et trop peu : or je voudrois bien ne faire ni l'un ni l'autre.

6. Je pourrois suivre une autre méthode, et examiner séparément les raisonnemens de M. Gautier, et le stile de la réfutation.

Si j'examinois ses raisonnemens, il me seroit aisé de montrer qu'ils portent tous à faux, que l'Auteur n'a point saisi l'état de la question, et qu'il ne m'a point entendu.

Par exemple, M. Gautier prend la peine de m'apprendre qu'il y a des peuples vicieux qui ne sont pas sçavans, et je m'étois déjà bien douté que les Kalmouques, les Bedouins, les Caffres, n'étoient pas des prodiges de vertu ni d'érudition. Si M. Gautier avoit donné les mêmes soins à me montrer quelque Peuple sçavant qui ne fut pas vicieux, il m'auroit surpris davantage. Par tout il me fait raisonner comme si j'avois dit que la Science est la seule source de corruption parmi les hommes; s'il a cru cela de bonne foi, j'admire la bonté qu'il a de me répondre.

Il dit que le commerce du monde suffit pour acquérir cette politesse dont se pique un galant homme; d'où il conclut qu'on n'est pas fondé à en faire honneur aux Sciences : mais à quoi donc nous permettra-t-il d'en faire honneur ? Depuis que les hommes vivent en société, il y a eu des Peuples polis, et d'autres qui ne l'étoient pas. M. Gautier a oublié de nous rendre raison de cette différence.

M. Gautier est par-tout en admiration de la pureté de nos mœurs actuelles. Cette bonne opinion qu'il en a fait assurément beaucoup d'honneur aux siennes; mais elle n'annonce pas une grande expérience. On diroit au ton dont il en parle qu'il a étudié les hommes comme les Péripatéticiens étudioient la Physique, sans sortir de son cabinet. Quant à moi, j'ai fermé mes Livres; et après avoir écouté parler les hommes, je les ai regardé agir[1]. Ce n'est pas une merveille qu'ayant suivi des méthodes si différentes, nous nous rencontrions si peu dans nos jugemens. Je vois qu'on ne sçauroit employer un langage plus honnête que celui de notre siécle; et voilà ce qui frappe M. Gautier : mais je vois encore *(a)* qu'on ne sçauroit avoir des mœurs plus corrompuës, et voilà ce qui me scandalise *(b)*. Pensons-nous donc être devenus gens de bien, parce qu'à force de donner des noms décens à nos vices, nous avons appris à n'en plus rougir ?

Il dit encore que quand même on pourroit prouver par des faits que la dissolution des mœurs a toujours régné avec les Sciences, il ne s'ensuivroit pas que le sort de la probité dépendît de leur progrès. Après avoir employé la premiére Partie de mon Discours à prouver que ces choses avoient toûjours marché ensemble; j'ai destiné la seconde à montrer qu'en effet l'une tenoit à l'autre. A qui donc puis-je imaginer que M. Gautier veut répondre ici ?

Il me paroît sur-tout très-scandalisé *(c)* de la maniére dont j'ai parlé de l'éducation des Colleges. Il m'apprend qu'on y enseigne aux jeunes gens je ne sçais combien de belles choses qui peuvent être d'une bonne ressource pour leur amusement quand ils seront grands, mais dont j'avoue que je ne vois point le rapport avec les devoirs des Citoyens, dont il faut commencer par les instruire. « Nous nous enquerons volontiers sçait-il du Grec et » du Latin ? Ecrit-il en vers ou en prose ? Mais s'il est » devenu meilleur ou plus avisé, c'étoit le principal; » et c'est ce qui demeure derrière. Criez d'un Passant » à notre Peuple, *ô le sçavant homme !* et d'un autre, *ô le* » *bon-homme !* Il ne faudra pas à détourner ses yeux et » son respect vers le premier. Il y faudroit un tiers » Crieur. *O les lourdes têtes*[1] *!*

J'ai dit que la Nature a voulu nous préserver de la Science comme une mere arrache une arme dangereuse des mains de son enfant, et que la peine que nous trouvons à nous instruire n'est pas le moindre de ses bienfaits. M. Gautier aimeroit autant que j'eusse dit : Peuples, sçachez donc une fois que la Nature ne veut pas que vous vous nourrissiez des productions de la terre; la peine qu'elle a attachée à sa culture est un avertissement pour vous de la laisser en friche. M. Gautier n'a pas songé, qu'avec un peu de travail, on est sûr de faire du pain; mais qu'avec beaucoup d'étude il est très-douteux qu'on parvienne à faire un homme raisonnable. Il n'a pas songé encore que ceci n'est précisément qu'une

observation de plus en ma faveur; car pourquoi la Nature
nous a-t'elle imposé des travaux nécessaires, si ce n'est
pour nous détourner des occupations oiseuses ? Mais
au mépris qu'il montre pour l'agriculture[1], on voit aisément que s'il ne tenoit qu'à lui, tous les Laboureurs
déserteroient bientôt les Campagnes pour aller argumenter dans les Ecoles, occupation, selon M. Gautier,
et je crois, selon bien des Professeurs, fort importante
pour le bonheur de l'Etat.

En raisonnant sur un passage de Platon, j'avois
présumé que peut-être les anciens Egyptiens ne fai-
soient-ils pas des Sciences tout le cas qu'on auroit pû
croire. L'Auteur de la refutation me demande comment
on peut faire accorder cette opinion avec l'inscription
qu'Osymandias[2] avoit mise à sa Bibliothéque *(a)*. Cette
difficulté eût pû être bonne du vivant de ce Prince.
A présent qu'il est mort, je demande à mon tour où est
la nécessité de faire accorder le sentiment du Roi Osymandias avec celui des Sages d'Egypte. S'il eût compté,
et sur-tout pesé les voix, qui me répondra que le mot
de *poisons* n'eut pas été substitué à celui de *remédes ?*
Mais passons cette fastueuse Inscription. Ces remédes
sont excellens, j'en conviens, et je l'ai déja répété bien
des fois; mais est-ce une raison pour les administrer
inconsidérément, et sans égard au tempéramment *(b)*
des malades ? Tel aliment est très-bon en soi, qui
dans un estomac infirme ne produit qu'indigestions et
mauvaises humeurs. Que diroit-on d'un Médecin, qui
après avoir fait l'éloge de quelques viandes succu-
lentes, conclueroit que tous les malades s'en doivent
rassasier ?

J'ai fait voir que les Sciences et les Arts énervent le
courage. M. Gautier appelle cela une façon singuliére
de raisonner, et il ne voit point la liaison qui se trouve
entre le courage et la vertu. Ce n'est pourtant pas, ce
me semble, une chose si difficile à comprendre. Celui
qui s'est une fois accoutumé à préférer sa vie à son devoir,
ne tardera guéres à lui préférer encore les choses qui
rendent la vie facile et agréable.

J'ai dit que la Science convient à quelques grands
génies; mais qu'elle est toûjours nuisible aux Peuples
qui la cultivent. M. Gautier dit que Socrate et Caton,
qui blâmoient les Sciences, étoient pourtant eux-mêmes

de fort sçavans Hommes : et il appelle cela m'avoir réfuté.

J'ai dit que Socrate étoit le plus sçavant des Athéniens, et c'est de-là que je tire l'autorité de son témoignage : tout cela n'empêche point M. Gautier de m'apprendre que Socrate étoit sçavant.

Il me blâme d'avoir avancé que Caton méprisoit les Philosophes Grecs; et il se fonde sur ce que Carneade se faisoit un jeu d'établir et de renverser les mêmes propositions, ce qui prévint mal-à-propos Caton contre la Littérature des Grecs. M. Gautier devroit bien nous dire quel étoit le pays et le métier de ce Carneade.

Sans doute que Carneade est le seul Philosophe ou le seul Sçavant qui se soit piqué de soutenir le pour et le contre; autrement tout ce que dit ici M. Gautier ne signifieroit rien du tout. Je m'en rapporte sur ce point à son érudition.

Si la réfutation n'est pas abondante en bons raisonnemens, en revanche elle l'est fort en belles déclamations. L'Auteur substitüe par tout les ornemens de l'art à la solidité des preuves qu'il promettoit en commençant; et c'est en prodiguant la pompe oratoire dans une réfutation, qu'il me reproche à moi de l'avoir employée dans un Discours Académique *(a)*.

A quoi tendent donc, dit M. Gautier, *les éloquentes déclamations de M. Rousseau ?* A abolir, s'il étoit possible, les vaines déclamations des Colléges. *Qui ne seroit pas indigné de l'entendre assurer que nous avons les apparences de toutes les vertus sans en avoir aucune.* J'avoue qu'il y a un peu de flaterie à dire que nous en avons les apparences; mais M. Gautier auroit dû mieux que personne me pardonner celle-là. *Eh ! pourquoi n'a-t'on plus de vertu ? c'est qu'on cultive les Belles Lettres, les Sciences et les Arts.* Pour cela précisément. *Si l'on étoit impolis, rustiques, ignorans, Goths, Huns, ou Vandales, on seroit digne des éloges de M. Rousseau.* Pourquoi non ? Y a-t'il quelqu'un de ces noms-là qui donne l'exclusion à la vertu ? *Ne se lassera-t'on point d'invectiver les hommes ?* Ne se lasseront-ils point d'être méchans ? *Croira-t'on toûjours les rendre plus vertüeux, en leur disant qu'ils n'ont point de vertu ?* Croira-t'on les rendre meilleurs, en leur persüadant qu'ils sont assez bons ? *Sous prétexte d'épurer les mœurs, est-il permis d'en renverser les appuis ?* Sous prétexte d'éclairer les esprits,

faudra-t'il pervertir les ames ? *O doux nœuds de la société !*
charme des vrais Philosophes, aimables vertus ; c'est par vos
propres attraits que vous régnez dans les cœurs ; vous ne devez
votre empire ni à l'aprêté ſtoïque, ni à des clameurs barbares,
ni aux conseils d'une orgueilleuse ruſticité.

Je remarquerai d'abord une chose assez plaisante;
c'eſt que toutes les Seĉtes des anciens Philosophes que
j'ai attaquées comme inutiles à la vertu, les Stoïciens
sont les seuls que M. Gautier m'abandonne, et qu'il
semble même vouloir mettre de mon côté. Il a raison;
je n'en serai guéres plus fier[1].

Mais voyons un peu si je pourrois rendre exaĉtement
en d'autres termes le sens de cette exclamation : *O aimables*
vertus ! c'eſt par vos propres attraits que vous régnez dans les
ames. Vous n'avez pas besoin de tout ce grand appareil d'igno-
rance et de ruſticité. Vous sçavez aller au cœur par des routes
plus simples et plus naturelles. Il suffit de sçavoir la Rhéto-
rique, la Logique, la Physique, la Métaphysique et les Mathé-
matiques, pour acquérir le droit de vous posséder.

Autre exemple du ſtile de M. Gautier.

Vous sçavez que les Sciences dont on occupe les jeunes Phi-
losophes dans les Universités, sont la Logique, la Métaphy-
sique, la Morale, la Physique, les Mathématiques élémentaires.
Si je l'ai sçû, je l'avois oublié, comme nous faisons tous
en devenant raisonnables. *Ce sont donc là, selon vous, de*
ſtériles spéculations ! ſtériles selon l'opinion commune;
mais, selon moi, très-fertiles en mauvaises choses. *Les*
Universités vous ont une grande obligation de leur avoir appris
que la vérité de ces sciences s'eſt retirée au fond d'un puits. Je
ne crois pas avoir appris cela à personne. Cette sentence
n'eſt point de mon invention; elle eſt aussi ancienne que
la Philosophie. Au reſte, je sçais que les Universités ne
me doivent aucune reconnoissance; et je n'ignorois pas,
en prenant la plume, que je ne pouvois à la fois faire ma
cour aux hommes, et rendre hommage à la vérité. *Les*
grands Philosophes qui les possedent dans un dégré éminent
sont sans doute bien surpris d'apprendre qu'ils ne sçavent
rien. Je crois qu'en effet ces grands Philosophes qui possedent toutes ces grandes sciences dans un dégré éminent, seroient très surpris d'apprendre qu'ils ne sçavent
rien. Mais je serois bien plus surpris moi-même, si ces
hommes qui sçavent tant de choses, sçavoient jamais
celle-là.

Je remarque que M. Gautier, qui me traite par-tout avec la plus grande politesse, n'épargne aucune occasion de me susciter des ennemis; il étend ses soins à cet égard depuis les Régens du Collége jusqu'à la souveraine puissance. M. Gautier fait fort bien de justifier les usages du monde; on voit qu'ils ne lui sont point étrangers. Mais revenons à la réfutation *(a)*.

Toutes ces maniéres d'écrire et de raisonner, qui ne vont point à un homme d'autant d'esprit que M. Gautier me paroît en avoir, m'ont fait faire une conjecture que vous trouverez hardie, et que je crois raisonnable. Il m'accuse[1], très sûrement sans en rien croire, de n'être point persuadé du sentiment que je soutiens. Moi, je le soupçonne, avec plus de fondement, d'être en secret de mon avis. Les places qu'il occupe, les circonstances où il se trouve l'auront mis dans une espéce de nécessité de prendre parti contre moi. La bienséance de notre siécle est bonne à bien des choses; il m'aura donc réfuté par bienséance; mais il aura pris toutes sortes de précautions, et employé tout l'art possible pour le faire de maniere à ne persuader personne.

C'est dans cette vûe qu'il commence par déclarer très mal-à-propos que la cause qu'il défend intéresse le bonheur de l'assemblée devant laquelle il parle, et la gloire du grand Prince sous les loix duquel il a la douceur de vivre. C'est précisément comme s'il disoit; vous ne pouvez, Messieurs, sans ingratitude envers votre respectable Protecteur, vous dispenser de me donner raison; et de plus, c'est votre propre cause que je plaide aujourd'hui *(b)* devant vous; ainsi de quelque côté que vous envisagiez mes preuves, j'ai droit de compter que vous ne vous rendrez pas difficiles sur leur solidité. Je dis que tout homme qui parle ainsi a plus d'attention à fermer la bouche aux gens que d'envie de les convaincre.

Si vous lisez attentivement la réfutation, vous n'y trouverez presque pas une ligne qui ne semble être là pour attendre et indiquer la réponse. Un seul exemple suffira pour me faire entendre.

Les victoires que les Athéniens remporterent sur les Perses et sur les Lacédémoniens mêmes font voir que les Arts peuvent s'associer avec la vertu militaire. Je demande si ce n'est pas là une adresse pour rappeller ce que j'ai dit de la

défaite de Xerxès, et pour me faire songer au dénoüe-
ment de la guerre du Peloponèse. *Leur gouvernement*
devenu venal sous Periclès, prend une nouvelle face ; l'amour
du plaisir étouffe leur bravoure, les fonctions les plus honorables
sont avilies, l'impunité multiplie les mauvais Citoyens, les
fonds destinés à la guerre sont destinés à nourrir la molesse et
l'oisiveté ; toutes ces causes de corruption quel rapport ont-elles
aux Sciences ?

Que fait ici M. Gautier, si non de rappeller toute la
seconde Partie de mon Discours où j'ai montré ce rapport ? Remarquez l'art avec lequel il nous donne pour
causes les effets de la corruption, afin d'engager tout
homme de bon sens à remonter de lui-même à la premiére cause de ces causes prétenduës. Remarquez encore
comment, pour en laisser faire la réflexion au Lecteur,
il feint d'ignorer ce qu'on ne peut supposer qu'il ignore
en effet, et ce que tous les Historiens disent unanime-
ment, que la dépravation des mœurs et du gouvernement
des Athéniens furent[1] l'ouvrage des Orateurs. Il est donc
certain que m'attaquer de cette manière, c'est bien
clairement m'indiquer les réponses que je dois faire.

Ceci n'est pourtant qu'une conjecture que je ne pré-
tends point garantir. M. Gautier n'approuveroit peut-
être pas que je voulusse justifier son sçavoir aux dépens
de sa bonne foi : mais si en effet il a parlé sincérement
en réfutant mon Discours, comment M. Gautier, Pro-
resseur en Histoire, Professeur en Mathématique,
Membre de l'Académie de Nancy, ne s'est-il pas un peu
défié de tous les titres qu'il porte ?

Je ne répliquerai donc pas à M. Gautier *(a)*, c'est un
point résolu. Je ne pourrois jamais répondre sérieusement, et suivre la réfutation pied à pied ; vous en voyez
la raison ; et ce seroit mal reconnoître les éloges dont
M. Gautier m'honore, que d'employer le *ridiculum acri*,
l'ironie et l'amère plaisanterie *(b)*. Je crains bien déjà
qu'il n'ait que trop à se plaindre du ton de cette Lettre :
au moins n'ignoroit-il *(c)* pas en écrivant sa réfutation,
qu'il attaquoit un homme qui ne fait pas assez de cas de
la politesse pour vouloir apprendre d'elle à déguiser
son sentiment.

Au reste, je suis prêt à rendre à M. Gautier toute la
justice qui lui est dûë. Son Ouvrage me paroît celui
d'un homme d'esprit qui a bien des connoissances *(d)*.

D'autres y trouveront peut-être de la Philosophie; quant à moi j'y trouve beaucoup d'érudition.

Je suis de tout mon cœur, Monsieur, etc.

P.S. Je viens de lire dans la Gazette d'Utrecht du 22 Octobre, une pompeuse exposition de l'Ouvrage de M. Gautier, et cette exposition semble faite exprès pour confirmer mes soupçons. Un Auteur qui a quelque confiance en son Ouvrage laisse aux autres le soin d'en faire l'éloge, et se borne à en faire un bon Extrait[1]. Celui de la réfutation est tourné avec tant d'adresse que, quoiqu'il tombe uniquement sur des bagatelles que je n'avois employées que pour servir de transitions, il n'y en a pas une seule sur laquelle un Lecteur judicieux puisse être de l'avis de M. Gautier.

Il n'est pas vrai, selon lui, que ce soit des vices des hommes que l'Histoire tire son principal interêt.

Je pourrois laisser les preuves de raisonnement; et pour mettre M. Gautier sur son terrain, je lui citerois des autorités.

Heureux les Peuples dont les Rois ont fait peu de bruit dans l'Histoire.

Si jamais les hommes deviennent sages, leur histoire n'amusera guères.

M. Gautier dit avec raison qu'une société fut-elle toute composée d'hommes justes ne sçauroit subsister sans Loix; et il conclut de-là qu'il n'est pas vrai que, sans les injustices des hommes, la Jurisprudence seroit inutile. Un si sçavant Auteur confondroit-il la Jurisprudence et les Loix[2]?

Je pourrois encore laisser les preuves de raisonnement; et pour mettre M. Gautier sur son terrain, je lui citerois des faits.

Les Lacédémoniens n'avoient ni Jurisconsultes ni Avocats; leurs Loix n'étoient pas même écrites : cependant ils avoient des Loix. Je m'en rapporte à l'érudition de M. Gautier, pour sçavoir si les Loix étoient plus mal observées à Lacédémone, que dans les Pays où fourmillent les Gens de Loi.

Je ne m'arrêterai point à toutes les minuties qui servent de texte à M. Gautier, et qu'il étale dans la Gazette; mais je finirai par cette observation, que je soumets à votre examen.

Donnons par tout raison à M. Gautier, et retranchons de mon Discours toutes les choses qu'il attaque, mes preuves n'auront presque rien perdu de leur force. Otons de l'écrit de M. Gautier tout ce qui ne touche pas le fond de la question; il n'y restera rien du tout.

Je concluds toujours qu'il ne faut point répondre à M. Gautier.

A Paris, ce premier Nov. 1751.

DERNIÈRE RÉPONSE[1]

DE

J.-J. ROUSSEAU,

DE GENÈVE *(a)*.

Ne, dum tacemus, non vere-
cundiæ sed diffidentiæ causâ
tacere videamur.

CYPRIAN. CONTRA DEMET[2].

C'EST avec une extrême répugnance que j'amuse de mes disputes des Lecteurs oisifs qui se soucient très-peu de la vérité : mais la maniére dont on vient de l'attaquer me force à prendre sa défense encore une fois, afin que mon silence ne soit pas pris par la multitude pour un aveu, ni pour un dédain par les Philosophes.

Il faut me repéter; je le sens bien, et le public ne me le pardonnera pas. Mais les sages diront : Cet homme n'a pas besoin de chercher sans cesse de nouvelles raisons; c'est une preuve de la solidité des siennes*.

---

* Il y a des vérités très-certaines qui au premier coup d'œil paroissent des absurdités, et qui passeront toujours pour telles auprès de la plûpart des gens. Allez dire à un homme du Peuple que le soleil est plus près de nous en hyver qu'en été, ou qu'il est couché avant que nous cessions de le voir, il se moquera de vous. Il en est ainsi du sentiment que je soutiens. Les hommes les plus superficiels ont toujours été les plus prompts à prendre parti contre moi; les vrais Philosophes se hâtent moins; et si j'ai la gloire d'avoir fait quelques prosélytes; ce n'est que parmi ces derniers[3]. Avant que de m'expliquer, j'ai long tems et profondément medité mon sujet, et j'ai tâché de le considérer par toutes ses faces. Je doute qu'aucun de mes adversaires en puisse dire autant. Au moins n'apperçois-je point dans leurs écrits de ces vérités lumineuses qui

Comme ceux qui m'attaquent ne manquent jamais de s'écarter de la question et de supprimer les distinctions essentielles que j'y ai mises, il faut toujours commencer par les y ramener. Voici donc un sommaire des propositions que j'ai soutenûes et que je soutiendrai aussi long tems que je ne consulterai d'autre intérêt que celui de la vérité.

Les Sciences sont le chef-d'œuvre du génie et de la raison. L'esprit d'imitation a produit les beaux Arts, et l'expérience les a perfectionnés. Nous sommes redevables aux arts méchaniques d'un grand nombre d'inventions utiles qui ont ajoûté aux charmes et aux commodités de la vie. Voila des vérités dont je conviens de très-bon cœur assurément. Mais considérons maintenant toutes ces connoissances par rapport aux mœurs*.

Si des intelligences célestes cultivoient les sciences, il n'en résulteroit que du bien; j'en dis autant des grands hommes, qui sont faits pour guider les autres. Socrate sçavant et vertueux fut l'honneur de l'humanité; mais les vices des hommes vulgaires empoisonnent les plus

---

ne frappent pas moins par leur évidence que par leur nouveauté, et qui sont toujours le fruit et la preuve d'une suffisante méditation. J'ose dire qu'ils ne m'ont jamais fait une objection raisonnable que je n'eusse prévûe et à laquelle je n'aie *(a)* répondu d'avance. Voilà pourquoi je suis réduit à redire toujours les mêmes choses.

* *Les connoissances rendent les hommes doux,* dit ce Philosophe célébre *(b)* dont l'ouvrage toujours profond et quelquefois sublime respire par tout l'amour de l'humanité. Il a écrit en ce peu de mots, et, ce qui est rare, sans déclamation, ce qu'on a jamais écrit de plus solide à l'avantage des Lettres. Il est vrai, les connoissances rendent les hommes doux : Mais la douceur qui est la plus aimable des vertus est aussi quelquefois une foiblesse de l'ame. La vertu n'est pas toujours douce; elle sçait s'armer à propos de sévérité contre le vice, elle s'enflamme d'indignation contre le crime.

Et le juste au méchant ne sçait point pardonner.

Ce fut une réponse très sage que celle d'un Roi de Lacedémone à ceux qui loüoient en sa présence l'extrême bonté de son Collégue Charillus. *Et comment seroit-il bon,* leur dit-il, *s'il ne sçait pas être terrible aux méchans (c)* ? Brutus n'étoit point un homme doux; qui auroit le front de dire qu'il n'étoit pas vertueux ? Au contraire, il y a des ames lâches et pusillanimes qui n'ont ni feu ni chaleur, et qui ne sont douces que par indifférence pour le bien et pour le mal. Telle est la douceur qu'inspire aux Peuples le goût des Lettres[1].

sublimes connoissances et les rendent pernicieuses aux Nations; les méchans en tirent beaucoup de choses nuisibles; les bons en tirent peu d'avantage. Si nul autre que Socrate ne se fût piqué de Philosophie à Athènes, le sang d'un juſte n'eût point crié vengeance contre la patrie des Sciences et des Arts*.

C'eſt une queſtion à examiner, s'il seroit avantageux aux hommes d'avoir de la science, en supposant que ce qu'ils appellent de ce nom le méritât en effet : mais c'eſt une folie de prétendre que les chimères de la Philosophie, les erreurs et les mensonges des Philosophes puissent jamais être bons à rien. Serons-nous toujours dupes des mots ? et ne comprendrons-nous jamais qu'études, connoissances, sçavoir et Philosophie, ne sont que de vains simulacres élevés par l'orgüeil humain, et très-indignes des noms pompeux qu'il leur donne ?

A mesure que le goût de ces niaiseries s'étend chez une nation, elle perd celui des solides vertus : car il en coûte moins pour se diſtinguer par du babil que par de bonnes mœurs, dès qu'on eſt dispensé d'être homme de bien pourvû qu'on soit un homme agréable.

Plus l'intérieur se corrompt et plus l'extérieur se compose ** : c'eſt ainsi que la culture des Lettres engendre insensiblement la politesse. Le goût naît encore de la même source. L'approbation publique étant le premier prix des travaux littéraires, il eſt naturel que ceux qui

---

* Il en a coûté la vie à Socrate pour avoir dit précisément les mêmes choses que moi. Dans le procès qui lui fut intenté, l'un de ses accusateurs plaidoit pour les Artiſtes, l'autre pour les Orateurs, le troisiéme pour les Poëtes, tous pour la prétendue cause des Dieux. Les Poëtes, les Artiſtes, les Fanatiques, les Rheteurs triompherent; et Socrate périt. J'ai bien peur d'avoir fait trop d'honneur à mon siécle en avançant que Socrate n'y eut point bû la Cigüe *(a)*[1].

** Je n'assiſte jamais à la représentation d'une Comedie de Moliére que je n'admire la délicatesse des speɔtateurs. Un mot un peu libre, une expression plûtot grossiére qu'obscéne, tout blesse leurs chaſtes oreilles; et je ne doute nullement que les plus corrompus ne soient toujours les plus scandalisés. Cependant si l'on comparoit les mœurs du siécle de Moliére avec celles du nôtre, quelqu'un croira-t'il que le résultat fût à l'avantage de celui-ci ? Quand l'imagination eſt une fois salie, tout devient pour elle un sujet de scandale; quand on n'a plus rien de bon que l'extérieur, on redouble tous les soins pour le conſerver.

s'en occupent réfléchissent sur les moyens de plaire;
et ce sont ces réflexions qui à la longue forment le ſtyle,
épurent le goût, et répandent par tout les graces et
l'urbanité. Toutes ces choses seront, si l'on veut, le
supplément de la vertu : mais jamais on ne pourra dire
qu'elles soient la vertu, et rarement elles s'associeront
avec elle. Il y aura toujours cette différence, que celui
qui se rend utile travaille pour les autres, et que celui
qui ne songe qu'à se rendre agréable ne travaille que
pour lui. Le flateur, par exemple, n'épargne aucun soin
pour plaire, et cependant il ne fait que du mal.

La vanité et l'oisiveté qui ont engendré nos sciences,
ont aussi engendré le luxe. Le goût du luxe accompagne
toujours celui des Lettres, et le goût des Lettres accompagne souvent celui du luxe* : toutes ces choses se
tiennent assez fidelle compagnie, parce qu'elles sont
l'ouvrage des mêmes vices.

Si l'expérience ne s'accordoit pas avec ces propositions démontrées, il faudroit chercher les causes parti-
culiéres de cette contrariété. Mais la premiere idée de
ces propositions eſt née elle-même d'une longue méditation sur l'expérience; et pour voir à quel point elle
les confirme, il ne faut qu'ouvrir les annales du monde.

Les premiers hommes furent très-ignorans. Comment
oseroit-on dire qu'ils étoient corrompus, dans des tems
où les sources de la corruption n'étoient pas encore
ouvertes ?

A travers l'obscurité des anciens tems et la ruſticité des
anciens Peuples, on apperçoit chez plusieurs d'entr'eux
de fort grandes vertus, surtout une sévérité de mœurs
qui eſt une marque infaillible de leur pureté, la bonne
foi, l'hospitalité, la juſtice, et, ce qui eſt très-important,

---

* On m'a opposé quelque part le luxe des Asiatiques, par cette
même maniére de raisonner qui fait qu'on m'oppose les vices des
peuples ignorans. Mais par un malheur qui poursuit mes adversaires, ils se trompent même dans les faits qui ne prouvent rien
contre moi. Je sçais bien que les peuples de l'Orient ne sont pas
moins ignorans que nous; mais cela n'empêche pas qu'ils ne soient
aussi vains et ne fassent presque autant de livres. Les Turcs, ceux
de tous qui cultivent le moins les Lettres, comptoient parmi eux
cinq cent quatre-vingt[1] Poëtes classiques vers le milieu du siécle
dernier.

une grande horreur pour la débauche* mere féconde de tous les autres vices. La vertu n'est donc pas incompatible avec l'ignorance.

Elle n'est pas non plus toujours sa compagne : car plusieurs peuples très-ignorans étoient très-vicieux. L'ignorance n'est un obstacle ni au bien ni au mal; elle est seulement l'état naturel de l'homme**.

---

* Je n'ai nul dessein de faire ma cour aux femmes; je consens qu'elles m'honorent de l'épithète de Pedant si redoutée de tous nos galans Philosophes. Je suis grossier, maussade, impoli par principes, et ne veux point de prôneurs; ainsi je vais dire la vérité tout à mon aise.

L'homme et la femme sont faits pour s'aimer et s'unir; mais passé cette union légitime, tout commerce d'amour entr'eux est une source affreuse de désordres dans la société et dans les mœurs. Il est certain que les femmes seules pourroient ramener l'honneur et la probité parmi nous : mais elles dédaignent des mains de la vertu un empire qu'elles ne veulent devoir qu'à leurs charmes; ainsi elles ne font que du mal, et reçoivent souvent elles mêmes la punition de cette préférence. On a peine à concevoir comment, dans une Religion si pure, la chasteté a pu devenir une vertu basse et monacale[1] capable de rendre ridicule tout homme et je dirois presque toute femme qui oseroit s'en piquer; tandis que chez les Payens cette même vertu étoit universellement honorée, regardée comme propre aux grands hommes, et admirée dans leurs plus illustres héros[2]. J'en puis nommer trois qui ne céderont le pas à nul autre, et qui, sans que la Religion s'en mêlât, ont tous donné des exemples mémorables de continence : Cyrus, Alexandre, et le jeune Scipion[3]. De toutes les raretés que renferme le Cabinet du Roi, je ne voudrois voir que le bouclier d'argent qui fut donné à ce dernier par les Peuples d'Espagne et sur lequel ils avoient fait graver le triomphe de sa vertu : c'est ainsi qu'il appartenoit aux Romains de soumettre les Peuples, autant par la vénération dûe à leurs mœurs que par l'effort de leurs armes; c'est ainsi que la ville des Falisques fut subjuguée[4], et Pyrrus vainqueur, chassé de l'Italie.

Je me souviens d'avoir lû quelque part une assez bonne réponse du Poëte Dryden à un jeune Seigneur Anglois, qui lui reprochoit que dans une de ses Tragédies, Cleomènes s'amusoit à causer tête à tête avec son amante au lieu de former quelque entreprise digne de son amour. Quand je suis auprès d'une belle, lui disoit le jeune Lord, je sçais mieux mettre le tems à profit : Je le crois, lui repliqua Dryden, mais aussi m'avouerez-vous bien que vous n'êtes pas un Héros.

** Je ne puis m'empêcher de rire en voyant je ne sçais combien de fort sçavans hommes qui m'honorent de leur critique, m'opposer toujours les vices d'une multitude de Peuples ignorans, comme

On n'en pourra pas dire autant de la science. Tous les Peuples sçavans ont été corrompus, et c'est dejà un terrible préjugé contre elle. Mais comme les comparaisons de Peuple à Peuple sont difficiles, qu'il y faut faire entrer un fort grand nombre d'objets, et qu'elles manquent toujours d'exactitude par quelque côté; on est beaucoup plus sûr de ce qu'on fait en suivant l'histoire d'un même Peuple, et comparant les progrès de ses connoissances avec les révolutions de ses mœurs. Or le résultat de cet examen est que le beau tems, le tems de la vertu de chaque Peuple, a été celui de son ignorance; et qu'à mesure qu'il est devenu sçavant, Artiste, et Philosophe, il a perdu ses mœurs et sa probité; il est redescendu à cet égard au rang des Nations ignorantes et vicieuses qui font la honte de l'humanité. Si l'on veut s'opiniâtrer à y chercher des différences, j'en puis reconnoître une, et la voici : C'est que tous les Peuples barbares, ceux mêmes qui sont sans vertu honorent cependant toujours la vertu, au lieu qu'à force de progrès, les Peuples sçavans et Philosophes parviennent enfin à la tourner en ridicule et à la mépriser. C'est quand une nation est une fois à ce point, qu'on peut dire que la corruption est au comble et qu'il ne faut plus espérer de remédes.

Tel est le sommaire des choses que j'ai avancées, et dont je crois avoir donné les preuves. Voyons maintenant celui de la Doctrine qu'on m'oppose.

« Les hommes sont méchans naturellement; ils ont
» été tels avant la formation des sociétés; et par tout
» où les sciences n'ont pas porté leur flambeau, les Peu-
» ples, abandonnés aux seules *facultés de l'instinct,* réduits
» avec les lions et les ours à une vie purement animale,
» sont demeurés plongés dans la barbarie et dans la
» misère.

» La Gréce seule dans les anciens tems pensa et *s'éleva*
» *par l'esprit* à tout ce qui peut rendre un Peuple recom-

---

si cela faisoit quelque chose à la question. De ce que la science engendre nécessairement le vice, s'ensuit-il que l'ignorance engendre nécessairement la vertu ? Ces maniéres d'argumenter peuvent être bonnes pour des Rhéteurs, ou pour les enfans par lesquels on m'a fait réfuter dans mon pays[1]; mais les Philosophes doivent raisonner d'autre sorte.

» mandable. Des Philosophes formerent ses mœurs et
» lui donnerent des loix.

» Sparte, il est vrai, fut pauvre et ignorante par insti-
» tution et par choix; mais ses loix avoient de grands
» défauts, ses Citoyens un grand penchant à se laisser
» corrompre; sa gloire fut peu solide, et elle perdit
» bientôt ses institutions, ses loix et ses mœurs.

» Athénes et Rome dégénérent aussi. L'une céda à la
» fortune de la Macédoine; l'autre succomba sous sa
» propre grandeur, parce que les loix d'une petite ville
» n'étoient pas faites pour gouverner le monde. S'il est
» arrivé quelquefois que la gloire des grands Empires
» n'ait pas duré long tems avec celle des lettres, c'est
» qu'elle étoit à son comble lorsque les lettres y ont été
» cultivées, et que c'est le sort des choses humaines de
» ne pas durer long tems dans le même état. En accor-
» dant donc que l'altération des loix et des mœurs ayent
» influé sur ces grands événemens, on ne sera point forcé
» de convenir que les Sciences et les Arts y ayent contri-
» bué : et l'on peut observer, au contraire, que le pro-
» grès et la décadence des lettres est[1] toujours en propor-
» tion avec la fortune et l'abbaissement des Empires.

» Cette vérité se confirme par l'expérience des der-
» niers tems, où l'on voit dans une Monarchie vaste et
» puissante la prospérité de l'état, la culture des Sciences
» et des Arts, et la vertu guerriére concourir à la fois
» à la gloire et à la grandeur de l'Empire.

» Nos mœurs sont les meilleures qu'on puisse avoir;
» plusieurs vices ont été proscrits parmi nous; ceux qui
» nous restent appartiennent à l'humanité, et les sciences
» n'y ont nulle part.

» Le luxe n'a rien non plus de commun avec elles;
» ainsi les désordres qu'il peut causer ne doivent point
» leur être attribués. D'ailleurs le luxe est nécessaire
» dans les grands Etats; il y fait plus de bien que de mal;
» il est utile pour occuper les Citoyens oisifs et donner
» du pain aux pauvres.

» La politesse doit être plutôt comptée au nombre
» des vertus qu'au nombre des vices : elle empêche les
» hommes de se montrer tels qu'ils sont; précaution
» très-nécessaire pour les rendre supportables les uns
» aux autres.

» Les Sciences ont rarement atteint le but qu'elles se

» proposent; mais au moins elles y visent. On avance
» à pas lents dans la connoissance de la vérité; ce qui
» n'empêche pas qu'on n'y fasse quelque progrès.

» Enfin quand il seroit vrai que les Sciences et les
» Arts amollissent le courage, les biens infinis qu'ils
» nous procurent ne seroient-ils pas encore préférables
» à cette vertu barbare et farouche qui fait frémir l'huma-
» nité ? » Je passe l'inutile et pompeuse revûe de ces
biens : et pour commencer sur ce dernier point par un
aveu propre à prévenir bien du verbiage, je déclare une
fois pour toutes que si quelque chose peut compenser
la ruine des mœurs, je suis prêt à convenir que les
Sciences font plus de bien que de mal. Venons maintenant
au reste.

Je pourrois sans beaucoup de risque supposer tout
cela prouvé, puisque de tant d'assertions si hardiment
avancées, il y en a très-peu qui touchent le fond de la
question, moins encore dont on puisse tirer contre mon
sentiment quelque conclusion valable, et que même la
plûpart d'entr'elles fourniroient de nouveaux argumens
en ma faveur, si ma cause en avoit besoin.

En effet, 1. Si les hommes sont méchans par nature,
il peut arriver, si l'on veut, que les sciences produiront
quelque bien entre leurs mains; mais il est très-certain
qu'elles y feront beaucoup plus de mal : Il ne faut point
donner d'armes à des furieux[1].

2. Si les Sciences atteignent rarement leur but, il y
aura toujours beaucoup plus de tems perdu que de tems
bien employé. Et quand il seroit vrai que nous aurions
trouvé les meilleures méthodes, la plûpart de nos travaux seroient encore aussi ridicules que ceux d'un
homme qui, bien sûr de suivre exactement la ligne
d'à-plomb, voudroit mener un puits jusqu'au centre
de la terre.

3. Il ne faut point nous faire tant de peur de la vie
purement animale, ni la considérer comme le pire état
où nous puissions tomber; car il vaudroit encore mieux
ressembler à une brebis qu'à un mauvais Ange.

4. La Gréce fut redevable de ses mœurs et de ses loix
à des Philosophes, et à des Législateurs. Je le veux. J'ai
déjà dit cent fois qu'il est bon qu'il y ait des Philosophes,
pourvû que le Peuple ne se mêle pas de l'être[2].

5. N'osant avancer que Sparte n'avoit pas de bonnes

loix, on blâme les loix de Sparte d'avoir eû de grands
défauts : de sorte que, pour rétorquer les reproches que
je fais aux Peuples sçavans d'avoir toujours été corrompus, on reproche aux Peuples ignorans de n'avoir pas
atteint la perfection.

6. Le progrès des lettres est toujours en proportion
avec la grandeur des Empires. Soit. Je vois qu'on me
parle toujours de fortune et de grandeur. Je parlois moi
de mœurs et de vertu.

7. Nos mœurs sont les meilleures que de méchans
hommes comme nous puissent avoir; cela peut être.
Nous avons proscrit plusieurs vices; je n'en disconviens
pas. Je n'accuse point les hommes de ce siécle d'avoir
tous les vices; ils n'ont que ceux des ames lâches; ils
sont seulement fourbes et fripons. Quant aux vices qui
supposent du courage et de la fermeté, je les en crois
incapables.

8. Le luxe peut être nécessaire pour donner du pain
aux pauvres : mais, s'il n'y avoit point de luxe, il n'y
auroit point de pauvres*. Il occupe les Citoyens oisifs.
Et pourquoi y a-t'il des Citoyens oisifs ? Quand l'agriculture étoit en honneur, il n'y avoit ni misére ni oisiveté,
et il y avoit beaucoup moins de vices[1].

9. Je vois qu'on a fort à cœur cette cause de luxe,
qu'on feint pourtant de vouloir séparer de celle des
Sciences et des Arts. Je conviendrai donc, puisqu'on
le veut si absolument, que le luxe sert au soutien des
Etats, comme les Cariatides servent à soûtenir les palais
qu'elles décorent; ou plutôt, comme ces poûtres dont

---

* Le luxe nourrit cent pauvres dans nos villes, et en fait périr
cent mille dans nos campagnes : l'argent qui circule entre les mains
des riches et des Artistes pour fournir à leurs superfluités, est perdu
pour la subsistance du Laboureur; et celui-ci n'a point d'habit
précisément parce qu'il faut du galon aux autres. Le gaspillage des
matieres qui servent à la nourriture des hommes suffit seul pour
rendre le luxe odieux à l'humanité. Mes adversaires sont bienheu-
reux que la coupable délicatesse de notre langue m'empêche
d'entrer là dessus dans des détails qui les feroient rougir de la cause
qu'ils osent défendre. Il faut des jus dans nos cuisines; voilà pourquoi tant de malades manquent de bouillon. Il faut des liqueurs
sur nos tables; voilà pourquoi le paysan ne boit que de l'eau. Il
faut de la poudre à nos perruques; voilà pourquoi tant de pauvres
n'ont point de pain.

on étaye des bâtimens pourris, et qui souvent achevent
de les renverser. Hommes sages et prudens, sortez de
toute maison qu'on étaye.

Ceci peut montrer combien il me seroit aisé de retour-
ner en ma faveur la plûpart des choses qu'on prétend
m'opposer; mais à parler franchement, je ne les trouve
pas assez bien prouvées pour avoir le courage de m'en
prévaloir.

On avance que les premiers hommes furent méchans;
d'où il suit que l'homme est méchant naturellement*.
Ceci n'est pas une assertion de légére importance; il me
semble qu'elle eût bien valu la peine d'être prouvée. Les
Annales de tous les peuples qu'on ose citer en preuve,
sont beaucoup plus favorables à la supposition contraire;
et il faudroit bien des témoignages pour m'obliger de
croire une absurdité. Avant que ces mots affreux de *tien*
et de *mien* fussent inventés; avant qu'il y eût de cette
espéce d'hommes cruels et brutaux qu'on appelle maîtres,
et de cette autre espéce d'hommes fripons et menteurs
qu'on appelle esclaves; avant qu'il y eût des hommes
assez abominables pour oser avoir du superflu pendant
que d'autres hommes meurent de faim; avant qu'une
dépendance mutuelle les eût tous forcés à devenir fourbes,
jaloux et traîtres; je voudrois bien qu'on m'expliquât
en quoi pouvoient consister ces vices, ces crimes qu'on
leur reproche avec tant d'emphase. On m'assûre qu'on
est depuis long-tems désabusé de la chimére de l'Age
d'or. Que n'ajoûtoit-on encore qu'il y a long-tems qu'on
est désabusé de la chimére de la vertu ?

J'ai dit que les premiers Grecs furent vertüeux avant
que la science les eût corrompus; et je ne veux pas me

---

* Cette note est pour les Philosophes; je conseille aux autres de
la passer.

Si l'homme est méchant par sa nature, il est clair que les Sciences
ne feront que le rendre pire; ainsi voilà leur cause perdue par cette
seule supposition. Mais il faut bien faire attention que, quoique
l'homme soit naturellement bon, comme je le crois, et comme j'ai
le bonheur de le sentir, il ne s'ensuit pas pour cela que les sciences
lui soient salutaires; car toute position qui met un peuple dans le
cas de les cultiver, annonce nécessairement un commencement
de corruption qu'elles accélerent bien vite. Alors le vice de la
constitution fait tout le mal qu'auroit pû faire celui de la nature
et les mauvais préjugés tiennent lieu des mauvais penchans[1].

rétracter sur ce point, quoiqu'en y regardant de plus près, je ne sois pas sans défiance sur la solidité des vertus d'un peuple si babillard, ni sur la justice des éloges qu'il aimoit tant à se prodiguer et que je ne vois confirmés par aucun autre témoignage. Que m'oppose-t'on à cela ? Que les premiers Grecs dont j'ai loué la vertu étoient éclairés et sçavans, puisque des Philosophes formerent leurs mœurs et leur donnerent des loix. Mais avec cette maniére de raisonner, qui m'empêchera d'en dire autant de toutes les autres Nations ? Les Perses n'ont-ils pas eû leurs Mages, les Assyriens leurs Chaldéens, les Indes leurs Gymnosophistes, les Celtes leurs Druides ? Ochus n'a-t'il pas brillé chez les Pheniciens, Atlas chez les Lybiens, Zoroastre chez les Perses, Zamolxis chez les Thraces[1] ? Et plusieurs même n'ont-ils pas prétendu que la Philosophie étoit née chez les Barbares ? C'étoient donc des sçavans à ce compte que tous ces peuples-là ? *A côté des Miltiade et des Thémistocle, on trouvoit*, me dit-on, *les Aristide et les Socrate.* A côté, si l'on veut; car que m'importe ? Cependant Miltiade, Aristide, Thémistocle, qui étoient des Heros, vivoient dans un tems, Socrate et Platon, qui étoient des Philosophes, vivoient dans un autre; et quand on commença à ouvrir des écoles publiques de Philosophie, la Gréce avilie et dégénérée avoit déja renoncé à sa vertu et vendu sa liberté[2].

La superbe Asie vit briser ses forces innombrables contre une poignée d'hommes que la Philosophie conduisoit à la gloire. Il est vrai : la Philosophie de l'ame conduit à la véritable gloire, mais celle-là ne s'apprend point dans les livres. *Tel est l'infaillible effet des connoissances de l'esprit.* Je prie le Lecteur d'être attentif à cette conclusion. *Les mœurs et les loix sont la seule source du véritable héroïsme.* Les Sciences n'y ont donc que faire. *En un mot, la Gréce dut tout aux sciences, et le reste du monde dut tout à la Gréce.* La Gréce ni le monde ne durent donc rien aux loix ni aux mœurs. J'en demande pardon à mes adversaires; mais il n'y a pas moyen de leur passer ces sophismes.

Examinons encore un moment cette preférence qu'on prétend donner à la Gréce sur tous les autres peuples, et dont il semble qu'on se soit fait un point capital. *J'admirerai, si l'on veut, des peuples qui passent leur vie à la guerre ou dans les bois, qui couchent sur la terre et vivent de légumes.* Cette admiration est en effet très-digne d'un vrai

Philosophe : il n'appartient qu'au peuple aveugle et stupide d'admirer des gens qui passent leur vie, non à défendre leur liberté, mais à se voler et se trahir mutuellement pour satisfaire leur mollesse ou leur ambition, et qui osent nourrir leur oisiveté de la sueur, du sang et des travaux d'un million de malheureux. *Mais eſt-ce parmi ces gens grossiers qu'on ira chercher le bonheur ?* On l'y chercheroit beaucoup plus raisonnablement, que la vertu parmi les autres. *Quel ſpectacle nous présenteroit le Genre humain composé uniquement de laboureurs, de soldats, de chasseurs, et de bergers ?* Un ſpectacle infiniment plus beau que celui du Genre humain composé de Cuisiniers, de Poëtes, d'Imprimeurs, d'Orphévres, de Pëintres et de Musiciens. Il n'y a que le mot *soldat* qu'il faut rayer du premier Tableau. La Guerre eſt quelquefois un devoir, et n'eſt point faite pour être un métier. Tout homme doit être soldat pour la défense de sa liberté; nul ne doit l'être pour envahir celle d'autrui : et mourir en servant la patrie eſt un emploi trop beau pour le confier à des mercénaires[1]. *Faut-il donc, pour être dignes du nom d'hommes, vivre comme les lyons et les ours ?* Si j'ai le bonheur de trouver un seul Lecteur impartial et ami de la vérité, je le prie de jetter un coup d'œil sur la société actuelle, et d'y remarquer qui sont ceux qui vivent entr'eux comme les lyons et les ours, comme les tygres et les crocodiles. *Érigera-t'on en vertu les facultés de l'inſtinct pour se nourrir, se perpétuer et se défendre ?* Ce sont des vertus, n'en doutons pas, quand elles sont guidées par la raison et sagement ménagées[2]; et ce sont, sur tout, des vertus quand elles sont employées à l'assiſtance de nos semblables. *Je ne vois là que des vertus animales, peu conformes à la dignité de notre être. Le corps eſt exercé, mais l'ame esclave ne fait que ramper et languir.* Je dirois volontiers en parcourant les faſtueuses recherches de toutes nos Académies : « Je » ne vois là que d'ingénieuses subtilités, peu conformes » à la dignité de notre être. L'esprit est exercé, mais » l'ame esclave ne fait que ramper et languir. » *Otez les arts du monde,* nous dit-on ailleurs, *que reſte-t'il ? les exercices du corps et les passions.* Voyez, je vous prie, comment la raison et la vertu sont toujours oubliées ! *Les Arts ont donné l'être aux plaisirs de l'ame, les seuls qui soient dignes de nous.* C'eſt-à-dire qu'ils en ont subſtitué d'autres à celui de bien faire, beaucoup plus digne de

nous encore[1]. Qu'on suive l'esprit de tout ceci, on y
verra, comme dans les raisonnemens de la plûpart de
mes adversaires, un enthousiasme si marqué sur les
merveilles de l'entendement, que cette autre faculté
infiniment plus sublime et plus capable d'élever et
d'ennoblir l'ame, n'y est jamais comptée pour rien ?
Voilà l'effet toujours assûré de la culture des lettres.
Je suis sûr qu'il n'y a pas actuellement un sçavant qui
n'estime beaucoup plus l'éloquence de Ciceron que son
zéle, et qui n'aimât infiniment mieux avoir composé
les Catilinaires que d'avoir sauvé son pays.

   L'embarras de mes adversaires est visible toutes les
fois qu'il faut parler de Sparte. Que ne donneroient-ils
point pour que cette fatale Sparte n'eût jamais existé ?
et eux qui prétendent que les grandes actions ne sont
bonnes qu'à être célébrées, à quel prix ne voudroient-ils
point que les siennes ne l'eussent jamais été ! C'est une
terrible chose qu'au milieu de cette fameuse Gréce qui
ne devoit sa vertu *(a)* qu'à la Philosophie, l'Etat où
la vertu a été la plus pure et a duré le plus long-téms ait
été précisément celui où il n'y avoit point de Philosophes.
Les mœurs de Sparte ont toujours été proposées en
exemple à toute la Gréce; toute la Gréce étoit corrompue,
et il y avoit encore de la vertu à Sparte; toute la Gréce
étoit esclave, Sparte seule étoit encore libre : cela est
désolant. Mais enfin la fiére Sparte perdit ses mœurs et
sa liberté, comme les avoit perdues la sçavante Athénes;
Sparte a fini. Que puis-je répondre à cela ?

   Encore deux observations sur Sparte, et je passe à
autre chose; voici la premiere. *Après avoir été plusieurs
fois sur le point de vaincre, Athénes fut vaincue, il est vrai ;
et il est surprenant qu'elle ne l'eût pas été plutôt, puisque
l'Attique étoit un pays tout ouvert, et qui ne pouvoit se défendre
que par la supériorité de succès.* Athénes eut dû vaincre par
toutes sortes de raisons. Elle étoit plus grande et beaucoup plus peuplée que Lacédemone; elle avoit de grands
revenus et plusieurs peuples étoient ses tributaires;
Sparte n'avoit rien de tout cela. Athénes sur tout par sa
position avoit un avantage dont Sparte étoit privée, qui
la mit en état de désoler plusieurs fois le Péloponese, et
qui devoit seul lui assûrer l'Empire de la Gréce. C'étoit
un port vaste et commode; c'étoit une Marine formi-
dable dont elle étoit redevable à la prévoyance de ce

rustre de Thémistocle qui ne sçavoit pas jouer de la flute. On pourroit donc être surpris qu'Athénes, avec tant d'avantages, ait pourtant enfin succombé. Mais quoique la guerre du Peloponése, qui a ruiné la Gréce, n'ait fait honneur ni à l'une ni à l'autre République, et qu'elle ait sur tout été de la part des Lacédémoniens une infraction des maximes de leur sage Législateur, il ne faut pas s'étonner qu'à la longue le vrai courage l'ait emporté sur les ressources, ni même que la réputation de Sparte lui en ait donné plusieurs qui lui faciliterent la victoire. En vérité, j'ai bien de la honte de sçavoir ces choses-là, et d'être forcé de les dire.

L'autre observation ne sera pas moins remarquable. En voici le texte, que je crois devoir remettre sous les yeux du Lecteur.

Je suppose que tous les états dont la Gréce étoit composée, eussent suivi les mêmes loix que Sparte, que nous resteroit-il de cette contrée si célébre ? A peine son nom seroit parvenu jusqu'à nous. Elle auroit dédaigné de former des historiens, pour transmettre sa gloire à la postérité ; le spectacle de ses farouches vertus eût été perdu pour nous ; il nous seroit indifférent, par conséquent, qu'elles eussent existé ou non. Les nombreux systêmes de Philosophie qui ont épuisé toutes les combinaisons possibles de nos idées, et qui, s'ils n'ont pas étendu beaucoup les limites de notre esprit, nous ont appris du moins où elles étoient fixées ; ces chefs-d'œuvres d'éloquence et de poësie qui nous ont enseigné toutes les routes du cœur ; les arts utiles ou agréables qui conservent ou embellissent la vie ; enfin, l'inestimable tradition des pensées et des actions de tous les grands hommes, qui ont fait la gloire ou le bonheur de leurs pareils : toutes ces précieuses richesses de l'esprit eussent été perdues pour jamais. Les siécles se seroient accumulés, les générations des hommes se seroient succédé comme celles des animaux, sans aucun fruit pour la postérité, et n'auroient laissé après elles qu'un souvenir confus de leur existence ; le monde auroit vieilli, et les hommes seroient demeurés dans une enfance éternelle.

Supposons à notre tour qu'un Lacédémonien pénétré de la force de ces raisons eût voulu les exposer à ses compatriotes; et tâchons d'imaginer le discours qu'il eut pû faire dans la place publique de Sparte.

« Citoyens, ouvrez les yeux sur *(a)* votre aveugle-
» ment. Je vois avec douleur que vous ne travaillez

» qu'à acquérir de la vertu, qu'à exercer votre courage
» et maintenir votre liberté; et cependant vous oubliez
» le devoir plus important d'amuser les oisifs des races
» futures. Dites-moi; à quoi peut être bonne la vertu,
» si ce n'est à faire du bruit dans le monde ? Que vous
» aura servi d'être gens de bien, quand personne ne
» parlera de vous ? Qu'importera aux siécles à venir
» que vous vous soyez dévoués à la mort aux Thermo-
» piles pour le salut des Athéniens, si vous ne laissez
» comme eux ni systêmes de Philosophie, ni vers, ni
» comedies, ni statues* ? Hâtez-vous donc d'aban-
» donner des loix qui ne sont bonnes qu'à vous rendre
» heureux; ne songez qu'à faire beaucoup parler de
» vous quand vous ne serez plus; et n'oubliez jamais
» que, si l'on ne célébroit les grands hommes, il seroit
» inutile de l'être.

Voilà, je pense, à peu près ce qu'auroit pu dire cet
homme, si les Ephores l'eussent laissé achever.

Ce n'est pas dans cet endroit seulement qu'on nous
avertit que la vertu n'est bonne qu'à faire parler de soi.
Ailleurs on nous vante encore les pensées du Philosophe,
parce qu'elles sont immortelles et consacrées à l'admiration de tous les siécles; *tandis que les autres voyent dispa-
roître leurs idées avec le jour, la circonstance, le moment qui
les a vu naître*[1]. *Chez les trois quarts des hommes, le lendemain
efface la veille, sans qu'il en reste la moindre trace.* Ah ! il en

---

* Periclès avoit de grands talens, beaucoup d'éloquence, de
magnificence et de goût : il embellit Athénes d'excellens ouvrages
de sculpture, d'édifices somptueux et de chef-d'œuvres dans tous
les arts. Aussi Dieu sçait comment il a été prôné par la foule des
écrivains ! Cependant il reste encore à sçavoir si Périclès a été un
bon Magistrat : car dans la conduite des Etats il ne s'agit pas d'élever
des statues, mais de bien gouverner des hommes. Je ne m'amuserai
point à développer les motifs sécrets de la guerre du Péloponnese,
qui fut la ruine de la République; je ne rechercherai point si le
conseil d'Alcibiade étoit bien ou mal fondé, si Periclès fut justement
ou injustement accusé de malversation; je demanderai seulement
si les Athéniens devinrent meilleurs ou pires sous son gouvernement; je prierai qu'on me nomme quelqu'un parmi les Citoyens,
parmi les Esclaves, même parmi ses propres enfans, dont ses soins
aient fait un homme de bien[2]. Voilà pourtant, ce me semble, la premiere fonction du Magistrat et du Souverain. Car le plus court et
le plus sûr moyen de rendre les hommes heureux, n'est pas d'orner
leurs villes ni même de les enrichir, mais de les rendre bons.

reste au moins quelqu'une dans le témoignage d'une bonne conscience, dans les malheureux qu'on a soulagés, dans les bonnes actions qu'on a faites, et dans la mémoire de ce Dieu bienfaisant qu'on aura servi en silence. Mort ou vivant, disoit le bon Socrate, l'homme de bien n'est jamais oublié des Dieux. On me répondra, peut être, que ce n'est pas de ces sortes de pensées qu'on a voulu parler; et moi je dis, que toutes les autres ne valent pas la peine qu'on en parle.

Il est aisé de s'imaginer que faisant si peu de cas de Sparte, on ne montre guéres plus d'estime pour les anciens Romains. *On consent à croire que c'étoient de grands hommes, quoiqu'ils ne fissent que de petites choses.* Sur ce pied-là j'avoue qu'il y a long-tems qu'on n'en fait plus que de grandes. On reproche à leur tempérance et à leur courage de n'avoir pas été de vraies vertus, mais des qualités forcées* : cependant quelques pages après, on avoue que Fabricius méprisoit l'or de Pyrrhus, et l'on ne peut ignorer que l'histoire Romaine est pleine d'exemples de la facilité qu'eussent eue à s'enrichir ces Magistrats, ces guerriers vénérables qui faisoient tant de cas de leur pauvreté**. Quant au courage, ne sçait-on pas

---

* Je vois la plûpart des esprits de mon tems faire les ingénieux à obscurcir la gloire des belles et généreuses actions anciennes, leur donnant quelque interprétation vile, et leur controuvant des occasions et des causes vaines. Grande subtilité ! Qu'on me donne l'action la plus excellente et pure, je m'en vais y fournir vraisemblablement cinquante vitieuses intentions. Dieu sçait, à qui les veut étendre, quelle diversité d'images ne souffre notre interne volonté. Ils ne font pas tant malitieusement que lourdement et grossiérement les ingénieux avec leur médisance. La même peine qu'on prend à détracter ces grands noms, et la même licence, je la prendrois volontiers à leur donner un tour d'épaule pour les hausser. Ces rares figures et triées pour l'exemple du monde par le consentement des sages, je ne me feindrois pas de les recharger d'honneur, autant que mon invention pourroit, en interprétation et favorables circonstances. Et il faut croire que les efforts de notre invention sont bien au-dessous de leur mérite. C'est l'office de gens de bien de peindre la vertu la plus belle qu'il se puisse. Et ne messieroit pas quand la passion nous transporteroit à la faveur de si saintes formes. Ce n'est pas Rousseau qui dit tout cela, c'est Montagne[1].

** Curius refusant les présens des Samnites, disoit qu'il aimoit mieux commander à ceux qui avoient de l'or que d'en avoir lui-même. Curius avoit raison. Ceux qui aiment les richesses sont faits

que la lâcheté ne sçauroit entendre raison ? et qu'un poltron ne laisse pas de fuir, quoique sûr d'être tué en fuyant ? *C'eſt*, dit-on, *vouloir contraindre un homme fort et robuſte à bégayer dans un berceau, que de vouloir rappeller les grands Etats aux petites vertus des petites Républiques.* Voilà une phrase qui ne doit pas être nouvelle dans les Cours. Elle eut été très-digne de Tibère ou de Cathérine de Medicis, et je ne doute pas que l'un et l'autre n'en ayent *(a)* souvent employé de semblables.

Il seroit difficile d'imaginer qu'il fallût mesurer la morale avec un inſtrument d'arpenteur. Cependant on ne sçauroit dire que l'étendue des Etats soit tout à fait indifférente aux mœurs des Citoyens. Il y a sûrement quelque proportion entre ces choses; je ne sçais si cette proportion ne seroit point inverse*[1]. Voilà une importante queſtion à méditer; et je crois qu'on peut bien la regarder encore comme indécise, malgré le ton plus méprisant que philosophique avec lequel elle eſt ici tranchée en deux mots.

C'étoit, continue-t-on, *la folie de Caton : Avec l'humeur et les préjugés héréditaires dans sa famille, il déclama toute sa vie, combatit et mourut sans avoir rien fait d'utile pour sa patrie.* Je ne sçais s'il n'a rien fait pour sa Patrie; mais je sçais qu'il a beaucoup fait pour le genre humain, en lui donnant le speclacle et le modele de la vertu la plus pure qui ait jamais exiſté : il a appris à ceux qui aiment sincerement le véritable honneur, à sçavoir réſiſter aux vices de leur siécle et à déteſter cette horrible maxime des gens à la mode qu'il faut faire comme les autres; maxime avec laquelle ils iroient loin sans doute, s'ils avoient le malheur de tomber dans quelque bande de Cartouchiens[2]. Nos descendans apprendront un jour que dans ce siécle de sages et de Philosophes, le plus vertueux des hommes a été tourné en ridicule et traité

---

pour servir, et ceux qui les méprisent pour commander. Ce n'eſt pas la force de l'or qui asservit les pauvres aux riches, mais c'eſt qu'ils veulent s'enrichir à leur tour; sans cela, ils seroient nécessairement les maîtres[3].

* La hauteur de mes adversaires me donneroit à la fin de l'indiscrétion, si je continuois à disputer contre eux. Ils croyent m'en imposer avec leur mépris pour les petits Etats : ne craignent-ils point que je ne leur demande une fois s'il eſt bon qu'il y en ait de grands ?

de fou, pour n'avoir pas voulu souiller sa grande ame
des crimes de ses contemporains, pour n'avoir pas voulu
être un scélérat avec Cesar et les autres brigands de son
tems.

On vient de voir comment nos Philosophes parlent
de Caton. On va voir comment en parloient les anciens
Philosophes. *Ecce spectaculum dignum ad quod respiciat,
intentus operi suo, Deus. Ecce par Deo dignum, vir fortis cùm
malâ fortunâ compositus. Non video, inquam, quid habeat
in terris Jupiter pulchrius, si convertere animum velit, quàm
ut spectet Catonem, jàm partibus non semel fractis, nihilominus
inter ruinas publicas erectum*[1].

Voici ce qu'on nous dit ailleurs des premiers Romains.
*J'admire les Brutus, les Decius, les Lucréce, les Virginius,
les Scevola.* C'est quelque chose dans le siécle où nous
sommes. *Mais j'admirerai encore plus un état puissant et
bien gouverné.* Un état puissant, et bien gouverné ! Et
moi aussi, vraiment. *Où les Citoyens ne seront point condamnés à des vertus si cruelles.* J'entends; il est plus commode
de vivre dans une constitution de choses où chacun soit
dispensé d'être homme de bien. Mais si les Citoyens de
cet état qu'on admire, se trouvoient réduits par quelque
malheur ou à renoncer à la vertu, ou à pratiquer ces
vertus cruelles, et qu'ils eussent la force de faire leur
devoir, seroit-ce donc une raison de les admirer moins ?

Prenons l'exemple qui révolte le plus notre siécle, et
examinons la conduite de Brutus souverain Magistrat,
faisant mourir ses enfans qui avoient conspiré contre
l'Etat dans un moment critique où il ne faloit presque
rien pour le renverser. Il est certain que, s'il leur eût
fait grace, son collegue eût infailliblement sauvé tous
les autres complices, et que la République étoit perdue.
Qu'importe, me dira-t'on ? Puisque cela est si indifférent, supposons donc qu'elle eût subsisté, et que Brutus
ayant condamné à mort quelque malfaiteur, le coupable lui eût parlé ainsi : « Consul, pourquoi me fais-tu
» mourir ? Ai-je fait pis que de trahir ma patrie ? et
» ne suis-je pas aussi ton enfant ? » Je voudrois bien
qu'on prît la peine de me dire ce que Brutus auroit pu
répondre.

Brutus, me dira-t'on encore, devoit abdiquer le Consu-
lat, plutôt que de faire périr ses enfans. Et moi je dis
que tout Magistrat qui, dans une circonstance aussi

périlleuse, abandonne le soin de la patrie et abdique la Magiſtrature, eſt un traître qui mérite la mort.

Il n'y a point de milieu; il faloit que Brutus fût un infâme, ou que les têtes de Titus et de Tiberinus tombassent par son ordre sous la hache des Liĉteurs. Je ne dis pas pour cela que beaucoup de gens eussent choisi comme lui[1].

Quoiqu'on ne se décide pas ouvertement pour les derniers tems de Rome, on laisse pourtant assez entendre qu'on les préfére aux premiers; et l'on a autant de peine à appercevoir de grands hommes à travers la simplicité de ceux-ci, que j'en ai moi-même à appercevoir d'honnêtes gens à travers la pompe des autres. On oppose Titus à Fabricius; mais on a omis cette différence, qu'au tems de Pyrrhus tous les Romains étoient des Fabricius, au lieu que sous le régne de Tite il n'y avoit que lui seul d'homme de bien*. J'oublierai, si l'on veut, les aĉtions héroïques des premiers Romains et les crimes des derniers : mais ce que je ne sçaurois oublier, c'eſt que la vertu étoit honorée des uns et méprisée des autres; et que quand il y avoit des couronnes pour les vainqueurs des jeux du Cirque, il n'y en avoit plus pour celui qui sauvoit la vie à un Citoyen. Qu'on ne croye pas, au reſte, que ceci soit particulier à Rome. Il fut un tems où la République d'Athénes étoit assez riche pour dépenser des sommes immenses à ses speĉtacles, et pour payer très-cherement les Auteurs, les Comediens, et même les Speĉtateurs : ce même tems fut celui où il ne se trouva point d'argent pour défendre l'Etat contre les entreprises de Philippe.

On vient enfin aux peuples modernes; et je n'ai garde de suivre les raisonnemens qu'on juge à propos de faire à ce sujet. Je remarquerai seulement que c'eſt un avantage peu honorable que celui qu'on se procure, non en réfutant les raisons de son adversaire, mais en l'empêchant de les dire.

---

* Si Titus n'eut été Empereur, nous n'aurions jamais entendu parler de lui; car il eut continué de vivre comme les autres : et il ne devint homme de bien, que quand, cessant de recevoir l'exemple de son siécle, il lui fut permis d'en donner un meilleur. *Privatus atque etiam sub patre principe, ne odio quidem, nedum vituperatione publicâ caruit. At illi ea fama pro bono cessit, conversaque eſt in maximas laudes*[2].

Je ne suivrai pas non plus toutes les réflexions qu'on prend la peine de faire sur le luxe, sur la politesse, sur l'admirable éducation de nos enfans*, sur les meilleures méthodes pour étendre nos connoissances, sur l'utilité des Sciences et l'agrément des beaux Arts, et sur d'autres points dont plusieurs ne me regardent pas, dont quelques-uns se réfutent d'eux-mêmes, et dont les autres ont déjà été réfutés. Je me contenterai de citer encore quelques morceaux pris au hazard, et qui me paroîtront avoir besoin d'éclaircissement. Il faut bien que je me borne à des phrases, dans l'impossibilité de suivre des raisonnemens dont je n'ai pu saisir le fil.

On prétend que les Nations ignorantes qui ont eu *des idées de la gloire et de la vertu, sont des exceptions singulieres qui ne peuvent former aucun préjugé contre les sciences.* Fort bien; mais toutes les Nations sçavantes, avec leurs belles idées de gloire et de vertu, en ont toujours perdu l'amour et la pratique. Cela est sans exception : passons à la preuve. *Pour nous en convaincre, jettons les yeux sur l'immense continent de l'Afrique, où nul mortel n'est assez hardi pour pénétrer, ou assez heureux pour l'avoir tenté impunément.* Ainsi de ce que nous n'avons pu pénétrer dans le continent de l'Afrique, de ce que nous ignorons ce qui s'y passe, on nous fait conclure que les peuples en sont chargés de vices : c'est si nous avions trouvé le moyen d'y porter les nôtres, qu'il faudroit tirer cette conclusion. Si j'étois chef de quelqu'un des peuples de la Nigritie, je déclare que je ferois élever sur la frontiére du pays une potence où je ferois pendre sans rémission le premier Européen qui oseroit y pénétrer, et le premier

* Il ne faut pas demander si les peres et les maîtres seront attentifs à écarter mes dangereux écrits des yeux de leurs enfans et de leurs éleves. En effet, quel affreux désordre, quelle indécence ne seroit-ce point, si ces enfans si bien élevés venoient à dedaigner tant de jolies choses, et à préférer tout de bon la vertu au sçavoir ? Ceci me rappelle la réponse d'un précepteur Lacedémonien, à qui l'on demandoit par moquerie ce qu'il enseigneroit à son éleve. *Je lui apprendrai,* dit-il, *à aimer les choses honnêtes.* Si je rencontrois un tel homme parmi nous, je lui dirois à l'oreille, Gardez-vous bien de parler ainsi; car jamais vous n'auriez de disciples; mais dites que vous leur apprendrez à babiller agréablement, et je vous réponds de votre fortune[1].

Citoyen qui tenteroit d'en sortir*[1]. *L'Amérique ne nous offre pas des spectacles moins honteux pour l'espèce humaine.* Sur tout depuis que les Européens y sont. *On comptera cent peuples barbares ou sauvages dans l'ignorance pour un seul vertueux.* Soit; on en comptera du moins un : mais de peuple vertüeux et cultivant les sciences, on n'en a jamais vû. *La terre abandonnée sans culture n'est point oisive ; elle produit des poisons, elle nourrit des monstres.* Voilà ce qu'elle commence à faire dans les lieux où le goût des Arts frivoles a fait abandonner celui de l'agriculture. *Notre ame,* peut-on dire aussi, *n'est point oisive quand la vertu l'abandonne. Elle produit des fictions, des Romans, des Satyres, des Vers ; elle nourrit des vices.*

Si des Barbares ont fait des conquêtes, c'est qu'ils étoient très-injustes. Qu'étions-nous donc, je vous prie, quand nous avons fait cette conquête de l'Amérique qu'on admire si fort ? Mais le moyen que des gens qui ont du canon, des cartes marines et des boussoles, puissent commettre des injustices ! Me dira-t-on que l'événement marque la valeur des Conquérans ? Il marque seulement leur ruse et leur habileté; il marque qu'un homme adroit et subtil peut tenir de son industrie les succès qu'un brave homme n'attend que de sa valeur. Parlons sans partialité. Qui jugerons-nous le plus courageux, de l'odieux Cortez subjuguant le Mexique à force de poudre, de perfidie et de trahisons; ou de l'infortuné Guatimozin étendu par d'honnêtes Européens sur des charbons ardens pour avoir ses trésors, tançant un de ses Officiers à qui le même traitement arrachoit quelques plaintes, et lui disant fièrement, Et moi, suis-je sur des roses[2] ?

Dire que les sciences sont nées de l'oisiveté, c'est abuser visiblement des termes ; elles naissent du loisir, mais elles garantissent de l'oisiveté (a). Je n'entens point cette distinction de l'oisiveté et du loisir[3]. Mais je sçais très-certainement que nul honnête homme ne peut jamais se vanter d'avoir du loisir, tant qu'il y aura du bien à faire, une Patrie à servir, des malheureux à soulager; et

---

* On me demandera peut-être quel mal peut faire à l'état un Citoyen, qui en sort pour n'y plus rentrer ? Il fait du mal aux autres par le mauvais exemple qu'il donne, il en fait à lui-même par les vices qu'il va chercher. De toutes maniéres c'est à la loi de le prevenir, et il vaut encore mieux qu'il soit pendu que méchant.

je défie qu'on me montre dans mes principes aucun sens honnête dont ce mot loisir puisse être susceptible. *Le Citoyen que ses besoins attache à la charrue, n'eſt pas plus occupé que le Geomêtre ou l'Anatomiſte.* Pas plus que l'enfant qui éleve un château de cartes, mais plus utilement. *Sous prétexte que le pain eſt nécessaire, faut-il que tout le monde se mette à labourer la terre ?* Pourquoi non ? Qu'ils paissent même, s'il le faut. J'aime encore mieux voir les hommes brouter l'herbe dans les champs, que s'entre-dévorer dans les villes : Il eſt vrai que tels que je les demande, ils ressembleroient beaucoup à des bêtes; et que tels qu'ils sont, ils ressemblent beaucoup à des hommes[1].

L'état d'ignorance eſt un état de crainte et de besoin. Tout eſt danger alors pour notre fragilité. La mort gronde sur nos têtes : elle eſt cachée dans l'herbe que nous foulons aux pieds : Lorsqu'on craint tout et qu'on a besoin de tout, quelle dispo-sition plus raisonnable que celle de vouloir tout connoître ? Il ne faut que considérer les inquiétudes continuelles des Médecins et des Anatomiſtes sur leur vie et sur leur santé, pour sçavoir si les connoissances servent à nous rassûrer sur nos dangers. Comme elles nous en décou-vrent toujours beaucoup plus que de moyens de nous en garantir, ce n'eſt pas une merveille si elles ne font qu'augmenter nos allarmes et nous rendre pusillanimes. Les animaux vivent sur tout cela dans une sécurité pro-fonde, et ne s'en trouvent pas plus mal. Une Génisse n'a pas besoin d'étudier la botanique pour apprendre à trier son foin, et le loup dévore sa proie sans songer à l'indigeſtion. Pour répondre à cela, osera-t'on prendre le parti de l'inſtinct contre la raison ? C'eſt précisément ce que je demande.

Il semble, nous dit-on, *qu'on ait trop de laboureurs, et qu'on craigne de manquer de Philosophes.* Je demanderai à mon tour, si l'on craint que les professions lucratives ne man-quent de sujets pour les exercer ? C'eſt bien mal connoître l'empire de la cupidité. Tout nous jette dès notre enfance dans les conditions utiles. Et quels préjugés n'a-t'on pas à vaincre, quel courage ne faut-il pas, pour oser n'être qu'un Descartes, un Newton, un Locke ?

Leibnitz et Newton sont morts comblés de biens et d'honneurs, et ils en méritoient encore davantage. Dirons-nous que c'eſt par modération qu'ils ne se sont point élevés jusqu'à la charrue ? Je connois assez l'empire de la cupidité, pour sçavoir que tout nous porte aux professions lucratives; voilà pourquoi je dis que tout nous éloigne des professions utiles. Un Hebert, un Lafrenaye, un Dulac, un Martin gagnent plus d'argent en un jour, que tous les laboureurs d'une Province ne sçauroient faire en un mois[1]. Je pourrois proposer un problême assez singulier sur le passage qui m'occupe actuellement. Ce seroit, en ôtant les deux premieres lignes et le lisant isolé, de deviner s'il est tiré de mes écrits ou de ceux de mes adversaires.

Les bons livres sont la seule défense des esprits foibles, c'est-à-dire des trois quarts des hommes, contre la contagion de l'exemple. Premierement, les Sçavans ne feront jamais autant de bons livres qu'ils donnent de mauvais exemples. Secondement, il y aura toûjours plus de mauvais livres que de bons. En troisiéme lieu, les meilleurs guides que les honnêtes gens puissent avoir, sont la raison et la conscience : *Paucis est opus litteris ad mentem bonam*[2]. Quant à ceux qui ont l'esprit louche ou la conscience endurcie, la lecture ne peut jamais leur être bonne à rien. Enfin, pour quelque homme que ce soit, il n'y a de livres nécessaires que ceux de la Religion, les seuls que je n'ai jamais condamnés.

On prétend nous faire regretter l'éducation des Perses. Remarquez que c'est Platon qui prétend cela. J'avois crû me faire une sauvegarde de l'autorité de ce Philosophe : mais je vois que rien ne me peut garantir de l'animosité de mes adversaires : *Tros Rutulusve fuat*[3]; ils aiment mieux se percer l'un l'autre, que de me donner le moindre quartier, et se font plus de mal qu'à moi*. *Cette éducation étoit*, dit-on, *fondée sur des principes barbares ; parce qu'on donnoit un maître pour l'exercice de chaque vertu, quoique la vertu soit indivisible ; parce qu'il s'agit de l'inspirer, et non de l'enseigner ; d'en faire aimer la pratique, et non d'en démontrer la Théorie.* Que de choses n'aurois-je point

---

* Il me passe par la tête un nouveau projet de défense[4], et je ne réponds pas que je n'aie *(a)* encore la foiblesse de l'exécuter quelque jour. Cette défense ne sera composée que de raisons tirées des Philosophes; d'où il s'ensuivra qu'ils ont tous été des bavards comme je le pretends, si l'on trouve leurs raisons mauvaises; ou que j'ai cause gagnée, si on les trouve bonnes.

à répondre ? mais il ne faut pas faire au Lecteur l'injure
de lui tout dire. Je me contenterai de ces deux remarques.
La première, que celui qui veut élever un enfant, ne
commence pas par lui dire qu'il faut pratiquer la vertu ;
car il n'en seroit pas entendu : mais il lui enseigne pre-
miérement à être vrai, et puis à être tempérant, et puis
courageux, etc. et enfin il lui apprend que la collection
des toutes ces choses s'appelle vertu. La seconde, que
c'est nous qui nous contentons de démontrer la Théorie ;
mais les Perses enseignoient la pratique. Voyez mon
discours, page 52[1].

*Tous les reproches qu'on fait à la Philosophie attaquent
l'esprit humain.* J'en conviens. *Ou plutôt l'auteur de la
nature, qui nous a faits tels que nous sommes.* S'il nous a
faits Philosophes, à quoi bon nous donner tant de peine
pour le devenir ? *Les Philosophes étoient des hommes ; ils
se sont trompés ; doit-on s'en étonner ?* C'est quand ils ne
se tromperont plus qu'il faudra s'en étonner. *Plaignons-
les, profitons de leurs fautes, et corrigeons-nous.* Oui, corrigeons-nous, et ne philosophons plus.... *Mille routes
conduisent à l'erreur, une seule mène à la vérité ?* Voilà précisément ce que je disois. *Faut-il être surpris qu'on se soit
mépris si souvent sur celle-ci, et qu'elle ait été découverte si
tard ?* Ah ! nous l'avons donc trouvée à la fin !

*On nous oppose un jugement de Socrate, qui porta, non sur
les Sçavans, mais sur les Sophistes, non sur les sciences, mais
sur l'abus qu'on en peut faire.* Que peut demander de plus
celui qui soutient que toutes nos sciences ne sont qu'abus
et tous nos Sçavans que de vrais Sophistes ? *Socrate étoit
chef d'une secte qui enseignoit à douter.* Je rabbatrois bien de
ma vénération pour Socrate, si je croyois qu'il eût eu
la sotte vanité de vouloir être chef de secte. *Et il censu-
roit avec justice l'orgueil de ceux qui prétendoient tout savoir.*
C'est-à-dire l'orgueil de tous les Sçavans. *La vraie
science est bien éloignée de cette affectation.* Il est vrai : Mais
c'est de la nôtre que je parle. *Socrate est ici témoin contre
lui-même.* Ceci me paroît difficile à entendre. *Le plus
sçavant des Grecs ne rougissoit point de son ignorance.* Le plus
sçavant des Grecs ne sçavoit rien, de son propre aveu ;
tirez la conclusion pour les autres. *Les sciences n'ont donc
pas leurs sources dans nos vices.* Nos sciences ont donc
leurs sources dans nos vices. *Elles ne sont donc pas toutes
nées de l'orgueil humain.* J'ai déjà dit mon sentiment

là-dessus. *Déclamation vaine, qui ne peut faire illusion qu'à des esprits prevenus.* Je ne sçais point répondre à cela.

En parlant des bornes du luxe, on prétend qu'il ne faut pas raisonner sur cette matiére du passé au présent. *Lorsque les hommes marchoient tout nuds, celui qui s'avisa le premier de porter des sabots, passa pour un voluptueux ; de siécle en siécle, on n'a cessé de crier à la corruption, sans comprendre ce qu'on vouloit dire.*

Il est vrai que jusqu'à ce tems, le luxe, quoique souvent en regne, avoit du moins été regardé dans tous les âges comme la source funeste d'une infinité de maux. Il étoit réservé à M. Melon de publier le premier cette doctrine empoisonnée, dont la nouveauté lui a acquis plus de sectateurs que la solidité de ses raisons[1]. Je ne crains point de combattre seul dans mon siécle ces maximes odieuses qui ne tendent qu'à détruire et avilir la vertu, et à faire des riches et des misérables, c'est-à-dire toûjours des méchans.

On croit m'embarrasser beaucoup en me demandant à quel point il faut borner le luxe ? Mon sentiment est qu'il n'en faut point du tout. Tout est source de mal au-delà du nécessaire physique[2]. La nature ne nous donne que trop de besoins; et c'est au moins une très-haute imprudence de les multiplier sans nécessité, et de mettre ainsi son ame dans une plus grande dépendance. Ce n'est pas sans raison que Socrate, regardant l'étalage d'une boutique, se félicitoit de n'avoir à faire de rien de tout cela. Il y a cent à parier contre un, que le premier qui porta des sabots étoit un homme punissable, à moins qu'il n'eût mal aux pieds. Quant à nous, nous sommes trop obligés d'avoir des souliers, pour n'être pas dispensés d'avoir de la vertu.

J'ai déjà dit ailleurs que je ne proposois point de bouleverser la société actuelle, de brûler les Bibliothéques et tous les livres, de détruire les Colléges et les Académies : et je dois ajoûter ici que je ne propose point non plus de réduire les hommes à se contenter du simple nécessaire. Je sens bien, qu'il ne faut pas former le chimérique projet d'en faire d'honnêtes gens : mais je me suis crû obligé de dire sans déguisement la vérité qu'on m'a demandée. J'ai vû le mal et tâché d'en trouver les causes : D'autres plus hardis ou plus insensés pourront chercher le reméde[3].

Je me lasse et je pose la plume pour ne la plus reprendre dans cette trop longue dispute. J'apprends qu'un
très grand nombre d'Auteurs* se sont exercés à me
refuter. Je suis très fâché de ne pouvoir répondre à
tous; mais je crois avoir montré, par ceux que j'ai choisis
pour cela, que ce n'est pas la crainte qui me retient à
l'égard des autres.

J'ai tâché d'élever un monument qui ne dût point à
l'Art sa force et sa solidité : la vérité seule, à qui je l'ai
consacré, a droit de le rendre inébranlable : Et si je
repousse encore une fois les coups qu'on lui porte, c'est
plus pour m'honorer moi-même en la défendant, que
pour lui prêter un secours dont elle n'a pas besoin.

Qu'il me soit permis de protester en finissant, que le
seul amour de l'humanité et de la vertu m'a fait rompre
le silence; et que l'amertume de mes invectives contre
les vices dont je suis le témoin, ne naît que de la douleur
qu'ils m'inspirent, et du desir ardent que j'aurois de
voir les hommes plus heureux, et sur-tout plus dignes
de l'être.

---

* Il n'y a pas jusqu'à de petites feuilles critiques faites pour
l'amusement des jeunes gens, où l'on ne m'ait fait l'honneur de se
souvenir de moi. Je ne les ai point lues et ne les lirai point très-
assurément; mais rien ne m'empêche d'en faire le cas qu'elles
méritent, et je ne doute point que tout cela ne soit fort plaisant[1].

On m'assure que M. Gautier m'a fait l'honneur de me répliquer, quoique je ne lui eusse point répondu et que j'eusse même
exposé mes raisons pour n'en rien faire. Apparemment que M. Gautier ne trouve pas ces raisons bonnes puisqu'il prend la peine de les
réfuter. Je vois bien qu'il faut céder à M. Gautier; et je conviens
de très-bon cœur du tort que j'ai eu de ne lui pas répondre; ainsi
nous voilà d'accord. Mon regret est de ne pouvoir réparer ma faute.
Car par malheur il n'est plus tems, et personne ne sçauroit de quoi
je veux parler[2].

LETTRE

DE JEAN-JACQUES ROUSSEAU
DE GENEVE,

Sur une nouvelle Réfutation de son Discours,
par un Académicien de Dijon,
[nommé Lecat, chirurgien à Roüen][1]

JE viens, Monsieur, de voir une Brochure intitulée,
*Discours qui a remporté le prix à l'Académie de Dijon
en 1750, et accompagné de la réfutation de ce Discours,
par un Académicien de Dijon qui lui a refusé son suffrage*[2];
et je pensois en parcourant cet Ecrit, qu'au lieu de
s'abbaisser jusqu'à être l'Editeur de mon Discours,
l'Académicien qui lui refusa son suffrage, auroit bien
dû publier l'ouvrage auquel il l'avoit accordé : c'eût été
une très-bonne manière de réfuter le mien.

Voilà donc un de mes Juges qui ne dédaigne pas de
devenir un de mes adversaires, et qui trouve très-mauvais
que ses collégues m'aient honoré du Prix : j'avoue que
j'en ai été fort *(a)* étonné moi-même; j'avois tâché de
le mériter, mais je n'avois rien fait pour l'obtenir[3].
D'ailleurs, quoique je sçusse que les Académies n'adop-
tent point les sentimens des Auteurs qu'elles couronnent,
et que le Prix s'accorde, non à celui qu'on croit avoir
soûtenu la meilleure cause, mais à celui qui a le mieux
parlé; même en me supposant dans ce cas, j'étois bien
éloigné d'attendre d'une Académie cette impartialité,
dont les sçavans ne se piquent nullement toutes les fois
qu'il s'agit de leurs intérêts.

Mais si j'ai été surpris de l'équité de mes Juges,
j'avoue que je ne le suis pas moins de l'indiscrétion de
mes adversaires : comment osent-ils témoigner si publiquement leur mauvaise humeur sur l'honneur que j'ai

reçu ? Comment n'apperçoivent-ils point le tort irréparable qu'ils font en cela à leur propre cause ? Qu'ils ne se flatent pas que personne prenne le change sur le sujet de leur chagrin : ce n'eſt pas parce que mon Discours eſt mal fait, qu'ils sont fâchés de le voir couronné; on en couronne tous les jours d'aussi mauvais, et ils ne disent mot; c'eſt par une autre raison qui touche de plus près à leur métier, et qui n'eſt pas difficile à voir. Je sçavois bien que les sciences corrompoient les mœurs, rendoient les hommes injuſtes et jaloux, et leur faisoient tout sacrifier à leur intérêt et à leur vaine gloire; mais j'avois cru m'appercevoir que cela se faisoit avec un peu plus de décence et d'adresse : je voyois que les gens de lettres parloient sans cesse d'équité, de modération, de vertu, et que c'étoit sous la sauve-garde sacrée de ces beaux mots qu'ils se livroient impunément à leurs passions et à leurs vices; mais je n'aurois jamais cru qu'ils eussent le front de blâmer publiquement l'impartialité de leurs Confrères. Par-tout ailleurs, c'eſt la gloire des Juges de prononcer selon l'équité contre leur propre intérêt; il n'appartient qu'aux sciences de faire à ceux qui les cultivent, un crime de leur intégrité : voilà vraiment un beau privilége qu'elles ont là.

J'ose le dire, l'Académie de Dijon en faisant beaucoup pour ma gloire, a beaucoup fait pour la sienne : un jour à venir les adversaires de ma cause tireront avantage de ce Jugement, pour prouver que la culture des Lettres peut s'associer avec l'équité et le desintéressement. Alors les Partisans de la vérité leur répondront : voilà un exemple particulier qui semble faire contre nous; mais souvenez-vous du scandale que ce Jugement causa dans le temps parmi la foule des gens de Lettres, et de la manière dont ils s'en plaignirent, et tirez de là une juſte conséquence sur leurs maximes.

Ce n'eſt pas, à mon avis, une moindre imprudence de se plaindre que l'Académie ait proposé son sujet en problême : je laisse à part le peu de vraisemblance qu'il y avoit, que dans l'enthousiasme universel qui régne aujourd'hui, quelqu'un eût le courage de renoncer volontairement au Prix, en se déclarant pour la négative; mais je ne sçais comment des Philosophes osent trouver mauvais qu'on leur offre des voies de discussion *(a)* :

bel amour de la vérité, qui tremble qu'on n'examine le pour et le contre ! Dans les recherches de Philosophie, le meilleur moyen de rendre un sentiment suspect, c'est de donner l'exclusion au sentiment contraire : quiconque s'y prend ainsi, a bien l'air d'un homme de mauvaise foi, qui se défie de la bonté de sa cause. Toute la France est dans l'attente de la Piéce qui remportera cette année le Prix à l'Académie Françoise; non seulement elle effacera très-certainement mon Discours, ce qui ne sera guéres difficile, mais on ne sçauroit même douter qu'elle ne soit un chef-d'œuvre[1]. Cependant, que fera cela à la solution de la question ? rien du tout; car chacun dira, après l'avoir lue : *Ce discours est fort beau ; mais si l'Auteur avoit eu la liberté de prendre le sentiment contraire, il en eût peut-être fait un plus beau encore.*

J'ai parcouru la nouvelle réfutation[2]; car c'en est encore une, et je ne sçais par quelle fatalité les Ecrits de mes adversaires qui portent ce titre si décisif, sont toujours ceux où je suis le plus mal réfuté. Je l'ai donc parcourue cette réfutation, sans avoir le moindre regret à la résolution que j'ai prise de ne plus répondre à personne; je me contenterai de citer un seul passage, sur lequel le Lecteur pourra juger si j'ai tort ou raison : le voici.

Je conviendrai qu'on peut être honnête homme sans talens ; mais n'est-on engagé dans la société qu'à être honnête homme ? Et qu'est-ce qu'un honnête homme ignorant et sans talens ? un fardeau inutile, à charge même à la terre, etc. Je ne répondrai pas, sans doute, à un Auteur capable d'écrire de cette manière; mais je crois qu'il peut m'en remercier.

Il n'y auroit guéres moyen, non plus, à moins que de vouloir être aussi diffus que l'Auteur, de répondre à la nombreuse collection des passages latins, des vers de la Fontaine, de Boileau, de Molière, de Voiture, de Regnard, de M. Gresset, ni à l'histoire de Nemrod, ni à celle des Paysans Picards[3]; car que peut-on dire à un Philosophe, qui nous assure qu'il veut du mal aux ignorans, parce que son Fermier de Picardie, qui n'est pas un Docteur, le paye exactement à la vérité, mais ne lui donne pas assez d'argent de sa terre ? L'Auteur est si occupé de ses terres, qu'il me parle même de la mienne. Une terre à moi ! la terre de Jean-Jacques Rousseau !

en vérité je lui conseille de me calomnier* plus adroite-
ment.

Si j'avois à répondre à quelque partie de la réfutation,
ce seroit aux personnalités dont cette critique est rem-
plie; mais comme elles ne font rien à la question, je ne
m'écarterai point de la constante maxime que j'ai toujours suivie de me renfermer dans le sujet que je traite,
sans y mêler rien de personnel : le véritable respect qu'on
doit au Public, est de lui épargner, non de tristes vérités
qui peuvent lui être utiles, mais bien toutes les petites
hargneries[1] d'Auteurs** dont on remplit les Ecrits
polémiques, et qui ne sont bonnes qu'à satisfaire une
honteuse animosité. On veut que j'aye pris dans Clénard*** un mot de Ciceron, soit : que j'aye fait des

---

  * Si l'Auteur me fait l'honneur de réfuter cette Lettre, il ne faut
pas douter qu'il ne me prouve dans une belle et docte démonstration, soûtenue de très-graves autorités, que ce n'est point un crime
d'avoir une terre : en effet, il se peut que ce n'en soit pas un pour
d'autres, mais c'en seroit un pour moi.

  ** On peut voir dans le Discours de Lyon un très-beau modéle,
de la manière dont il convient aux Philosophes d'attaquer et de
combattre sans personnalités et sans invectives. Je me flate qu'on
trouvera aussi dans ma réponse, qui est sous presse, un exemple
de la manière dont on peut défendre ce qu'on croit vrai, avec la
force dont on est capable, sans aigreur contre ceux qui l'attaquent[2].

  *** Si je disois qu'une si bizarre citation vient à coup sûr de
quelqu'un à qui la méthode Gréque de Clénard[3] est plus familière
que les Offices de Ciceron, et qui par conséquent semble se porter
assez gratuitement pour défenseur des bonnes Lettres; si j'ajoutois
qu'il y a des professions, comme par exemple, la Chirurgie, où
l'on emploie tant de termes dérivés du Grec, que cela met ceux
qui les exercent, dans la nécessité d'avoir quelques notions élémentaires de cette Langue; ce seroit prendre le ton du nouvel adversaire, et répondre comme il auroit pu faire à ma place. Je puis
répondre, moi, que quand j'ai hasardé le mot *Investigation*, j'ai
voulu rendre un service à la Langue, en essayant d'y introduire un
terme doux, harmonieux, dont le sens est déja connu, et qui n'a
point de synonyme en François. C'est, je crois, toutes les conditions
qu'on exige pour autoriser cette liberté salutaire :

> *Ego cur, acquirere pauca*
> *Si possum, invideor ; cum lingua Catonis et Enni*
> *Sermonem Patrium ditaverit*[4] *?*

J'ai sur tout voulu rendre exactement mon idée; je sçais, il est
vrai, que la première régle de tous nos Ecrivains, est d'écrire cor-

solécismes, à la bonne heure; que je cultive les Belles-Lettres et la Musique, malgré le mal que j'en pense; j'en conviendrai si l'on veut, je dois porter dans un âge plus raisonnable la peine des amusemens de ma jeunesse : mais enfin, qu'importe tout cela, et au public et à la cause des Sciences ? Rousseau peut mal parler françois, et que la Grammaire n'en soit pas plus utile à la vertu. Jean-Jacques peut avoir une mauvaise conduite, et que celle des Sçavans n'en soit pas meilleure : voilà toute la réponse que je ferai, et je crois, toute celle que je dois faire à la nouvelle réfutation[1].

Je finirai cette Lettre, et ce que j'ai à dire sur un sujet si long-temps débattu, par un conseil à mes adversaires, qu'ils mépriseront à coup sûr, et qui pourtant seroit plus avantageux qu'ils ne pensent au parti qu'ils veulent défendre; c'est de ne pas tellement écouter leur zéle, qu'ils négligent de consulter leurs forces, et *quid valeant humeri*[2]. Ils me diront sans doute que j'aurois dû prendre cet avis pour moi-même, et cela peut être vrai; mais il y a au moins cette différence que j'étois seul de mon parti, au lieu que le leur étant celui de la foule, les derniers venus sembloient dispensés de se mettre sur les rangs, ou obligés de faire mieux que les autres.

De peur que cet avis ne paroisse téméraire ou présomptueux, je joins ici un échantillon des raisonnemens de mes adversaires, par lequel on pourra juger de la justesse et de la force de leurs critiques : *Les Peuples de l'Europe*, ai-je dit, *vivoient il y a quelques siécles dans un état pire que l'ignorance ; je ne sçais quel jargon scientifique, encore plus méprisable qu'elle, avoit usurpé le nom du sçavoir, et opposoit à son retour un obstacle presque invincible : il falloit une révolution pour ramener les hommes au sens commun.* Les Peuples avoient perdu le sens commun, non parce qu'ils étoient ignorans, mais parce qu'ils avoient la

---

rectement, et, comme ils disent, de parler françois; c'est qu'ils ont des prétentions, et qu'ils veulent passer pour avoir de la correction et de l'élégance. Ma première régle, à moi qui ne me soucie nullement de ce qu'on pensera de mon stile, est de me faire entendre : toutes les fois qu'à l'aide de dix solécismes, je pourrai m'exprimer plus fortement ou plus clairement, je ne balancerai jamais. Pourvu que je sois bien compris des Philosophes, je laisse volontiers les puristes courir après les mots[3].

bétise de croire sçavoir quelque chose, avec les grands
mots d'Aristote et l'impertinente doctrine de Raymond
Lulle[1]; il falloit une révolution pour leur apprendre
qu'ils ne sçavoient rien, et nous en aurions grand besoin
d'une autre pour nous apprendre la même vérité. Voici
là-dessus l'argument de mes adversaires : *Cette révolution
est dûe aux Lettres ; elles ont ramené le sens commun, de
l'aveu de l'Auteur ; mais aussi, selon lui, elles ont corrompu
les mœurs : il faut donc qu'un Peuple renonce au sens commun
pour avoir de bonnes mœurs.* Trois Ecrivains de suite ont
répété ce beau raisonnement : je leur demande maintenant lequel ils aiment mieux que j'accuse, ou leur esprit,
de n'avoir pu pénétrer le sens très-clair de ce passage,
ou leur mauvaise foi, d'avoir feint de ne pas l'entendre ?
Ils sont gens de Lettres, ainsi leur choix ne sera pas douteux. Mais que dirons-nous des plaisantes interprétations qu'il plaît à ce dernier adversaire de prêter à la
figure de mon Frontispice ? J'aurois cru faire injure aux
Lecteurs, et les traiter comme des enfans, de leur inter-
préter une allégorie si claire; de leur dire que le flambeau
de Prométhée est celui des Sciences fait pour animer les
grands génies; que le Satyre, qui voyant le feu pour la
première fois, court à lui, et veut l'embrasser, représente
les hommes vulgaires, qui séduits par l'éclat des Lettres,
se livrent indiscrétement à l'étude; que le Prométhée
qui crie et les avertit du danger, est le Citoyen de Geneve.
Cette allégorie est juste, belle, j'ose la croire sublime.
Que doit-on *(a)* penser d'un Ecrivain qui l'a méditée,
et qui n'a pu parvenir à l'entendre[2] ? On peut croire
que cet homme-là n'eût pas été un grand Docteur parmi
les Egyptiens ses amis[3].

Je prens donc la liberté de proposer à mes adversaires,
et sur tout au dernier, cette sage leçon d'un Philosophe
sur un autre sujet : sçachez qu'il n'y a point d'objections
qui puissent faire autant de tort à votre parti que les
mauvaises réponses; sçachez que si vous n'avez rien
dit qui vaille, on avilira votre cause, en vous faisant
l'honneur de croire qu'il n'y avoit rien de mieux à dire.

Je suis, etc.

PRÉFACE
D'UNE SECONDE LETTRE
A BORDES[1]

Forcé par de nouvelles attaques à rompre le silence que je m'étois imposé dans cette longue dispute, je reprends sans scrupule la plume que j'avois quittée. Si je puis, au gré des Sages, jetter de nouvelles lumiéres sur les importantes maximes que j'ai établies, peu m'importe que le Public s'ennuye de voir si longtems débattre la même question : car quand même la faute n'en seroit pas aux aggresseurs, je ne suis point d'humeur à sacrifier mon zéle pour la vérité au soin de ma réputation, et je revois pas pourquoi je craindrois tant d'ennuyer des Lecteurs à qui je crains si peu de déplaire.

Je crois avoir découvert de grandes choses et je les ai dites avec une franchise assé dangereuse, sans qu'il y ait beaucoup de mérite à tout cela ; car mon indépendance a fait tout mon courage et de longues méditations m'ont tenu lieu de Génie. Un solitaire qui se plait à vivre avec lui-même prend naturellement le goût de la réflexion, et un homme qui s'intéresse vivement au bonheur des autres sans avoir besoin d'eux pour faire le sien, est dispensé de ménager leur fausse délicatesse dans ce qu'il a d'utile à leur dire. Plus une telle situation est rare, et plus ayant le bonheur de m'y trouver je me crois obligé d'en tirer parti en faveur de la vérité, et de la dire sans scrupule toutes les fois qu'elle me paraîtra intéresser l'innocence ou le bonheur des hommes. Si j'ai fait une faute en m'engageant mal à propos au silence[2], je n'en dois point faire une plus grande en me piquant de tenir ma parole contre mon devoir et c'est pour demeurer constant dans mes principes que je veux être prompt à abbandonner mes erreurs aussi tôt que je les apperçois.

Je vais donc reprendre le fil de mes idées et continuer
d'écrire ainsi que j'ai toujours fait, comme un Etre isolé
qui ne désire et ne craint rien de personne, qui parle
aux autres pour eux et non pas pour lui, comme un
homme qui chérit trop ses fréres pour ne pas haïr leurs
vices, et qui voudroit qu'ils apprissent une fois à se voir
aussi méchans qu'ils sont, pour désirer au moins de se
rendre aussi bons qu'ils pourroient être.

Je sais fort bien que la peine que je prends est inutile,
et je n'ai point dans mes exhortations le chimérique
plaisir d'espérer la réformation des hommes : Je sais
qu'ils se moqueront de moi parce que je les aime et de
mes maximes parce qu'elles leur sont profitables : Je
sais qu'ils n'en seront pas moins avides de Gloire et
d'argent quand je les aurai convaincus que ces deux
passions sont la source de tous leurs maux, et qu'ils
sont méchans par l'une et malheureux par l'autre : Je
suis très sûr qu'ils traiteront d'extravagance mon dédain
pour ces objets de leur admiration et de leurs travaux :
Mais j'aime mieux éssuyer leurs railleries que de partager
leurs fautes, et quoi qu'il en puisse être de leur devoir,
le mien est de leur dire la vérité ou ce que je prens pour
l'être : c'est à une voix plus puissante qu'il appartient
de la leur faire aimer.

J'ai supporté paisiblement les invectives d'une multitude d'auteurs à qui je n'ai jamais fait d'autre mal que
de les exhorter à devenir gens de bien. Ils se sont égayés
tout à leur aise à mes dépens; ils m'ont fait aussi ridicule
qu'ils ont voulu; ils se sont publiquement déchaînés
contre mes écrits et même contre ma personne sans que
jamais j'aye été tenté de repousser leurs outrages autrement que par ma conduite. Si je les ai mérités, je n'aurois
pu me venger qu'en cherchant à les leur rendre, et bien
loin de me plaire à cette odieuse guerre, plus j'aurois
trouvé de vérités à dire, et plus mon cœur en eut été
attristé. Si je ne mérite pas leurs injures, c'est à eux seuls
qu'ils en ont dit : Peut-être même leur animosité aura-
t-elle difficilement dans le Public l'effet qu'ils s'en sont
promis et dont je ne me soucie guéres; l'extrême passion
est souvent maladroite et avertit de s'en défier. Peut-être,
sur leurs propres écrits, m'estimera-t-on meilleur que
je ne suis en effet, quand on verra qu'avec tant d'ardeur
à me noircir, le plus grand crime qu'ils ayent trouvé à

me reprocher est d'avoir souffert qu'un artiste illustre fît mon portrait[1].

Il s'en faut beaucoup que je ne sois capable[2] du même Sang-froid envers ceux qui laissant ma personne à quartier[3] attaquent avec quelque addresse les vérités que j'ai établies. Ce triste et grand Système, fruit d'un éxamen sincére de la nature de l'homme, de ses facultés et de sa destination, m'est cher, quoiqu'il m'humilie ; car je sens combien il nous importe que l'orgueil ne nous fasse pas prendre le change sur ce qui doit faire nôtre véritable grandeur, et combien il est à craindre qu'à force de vouloir nous élever au dessus de nôtre nature nous ne retombions au-dessous d'elle. En tout état de cause, il est utile aux hommes, sinon de connaître la vérité, au moins de n'être pas dans l'erreur, et c'en est une la plus dangereuse de toutes de craindre moins l'erreur que l'ignorance, et d'aimer mieux, dans une alternative forcée, être vicieux et misérables que pauvres et grossiers.

Mon sentiment a été combattu avec chaleur, ainsi que je l'avois prévu, par une multitude d'Ecrivains ; j'ai répondu jusqu'ici à tous ceux qui m'ont paru en valoir la peine et je suis bien déterminé à en user de même à l'avenir, non pour ma propre gloire, car ce n'est point J. J. Rousseau que je veux défendre ; il a du se tromper souvent : toutes les fois qu'il me paraîtra dans ce cas, je l'abandonnerai sans scrupule, et sans peine, même lorsqu'il aura raison, pourvu qu'il ne soit question que de lui seul. Ainsi, tant qu'on se bornera à me reprocher d'avoir publié de mauvais ouvrages, ou de savoir mal raisonner ou de faire des fautes de langue, ou des erreurs d'histoire, ou de mal écrire ou d'avoir de l'humeur, je serai peu fâché de tous ces reproches, je n'en serai point surpris et je n'y répondrai jamais. Mais quant au Système que j'ai soutenu, je le défendrai de toutte ma force aussi longtemps que je demeurerai convaincu qu'il est celui de la vérité et de la vertu et que c'est pour l'avoir abandonné mal à propos que la plupart des hommes, dégénérés de leur bonté primitive, sont tombés dans toutes les erreurs qui les aveuglent et dans toutes les misères qui les accablent.

Ayant tant d'intérets à combattre, tant de préjugés à vaincre et tant de choses dures à annoncer, j'ai cru devoir pour l'intérest même de mes Lecteurs, ménager en quelque sorte leur pusillanimité et ne leur laisser appercevoir que successivement ce que j'avois à leur dire. Si le seul Discours de Dijon a tant excité de murmures et causé de scandale, qu'eut-ce été si j'avois développé du prémier instant toutte l'étendue d'un Systême vrai mais affligeant[1], dont la question traittée dans ce Discours n'est qu'un Corollaire ? Ennemi déclaré de la violence des méchans, j'aurois passé tout au moins pour celui de la tranquillité publique, et si les zélés du parti contraire n'eussent point travaillé charitablement à me perdre pour la grande gloire de la philosophie, on ne peut douter au moins, qu'ayant en tête un homme inconnu, ils n'eussent aisément réussi à tourner en ridicule l'ouvrage et l'auteur, et qu'en commençant par se moquer de mon Systême, ce moyen mis en crédit par tant d'expériences ne les eût dispensés de l'incomode soin d'éxaminer mes preuves.

Quelques précautions m'ont donc été d'abord nécessaires, et c'est pour pouvoir faire entendre que je n'ai pas voulu tout dire. Ce n'est que successivement et toujours pour peu de Lecteurs, que j'ai développé mes idées. Ce n'est point moi que j'ai ménagé, mais la vérité, afin de la faire passer plus sûrement et de la rendre utile. Souvent je me suis donné beaucoup de peine pour tâcher de renfermer dans une Phrase, dans une ligne, dans un mot jetté comme au hasard, le résultat d'une longue suitte de réflexions. Souvent la pluspart de mes Lecteurs auront du trouver mes discours mal liés et presque entierement décousus, faute d'appercevoir le tronc dont je ne leur montrois que les rameaux. Mais c'en étoit assez pour ceux qui savent entendre, et je n'ai jamais voulu parler aux autres.

Cette méthode m'a mis dans le cas d'avoir souvent à répliquer à mes adversaires, soit pour résoudre des objections, soit pour étendre et éclaircir des idées qui en avoient besoin, soit pour achever de développer toutes les parties de mon Sistême à mesure que les suffrages des Sages m'assuroient l'attention publique. Je croyois, il est vrai, avoir suffisamment pourvu à touttes ces choses par mes réponses précédentes, au moins pour les Lecteurs que j'avois en vûe : Mais voyant au second Discours de l'Académicien de Lyon qu'il ne m'a point encore entendu, j'aime mieux m'accuser de maladresse que lui de mauvaise volonté. Je vais donc tâcher de m'expliquer mieux, et puisqu'il est tems de parler à découvert, je vais vaincre enfin mon dégout et écrire une fois pour le Peuple.

L'ouvrage que je me propose d'examiner est rempli de sophismes agréables qui ont encore plus d'éclat que de subtilité, et qui séduisant par un certain coloris de stile et par les ruses d'une logique adroite sont doublement dangereux pour la multitude. Je vais prendre des moyens tout contraires dans cette analyse, et, suivant pas à pas les raisonnemens de l'Auteur avec autant d'exactitude qu'il me sera possible, j'employerai uniquement dans cette discussion la simplicité et le zèle d'un ami de la vérité et de l'humanité, qui met toute sa gloire à rendre hommage à l'une, et tout son bonheur à être utile à l'autre.

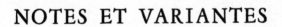

NOTES ET VARIANTES

La *Correspondance complète* renvoie à l'édition R. A. Leigh,
publiée de 1965 à 1983.

NOTES ET VARIANTES

P. 25

(a) Ms. R. 89 supprime au titre *Par un citoyen de Genève* (ainsi que l'indication de l'éditeur).

(b) Dans Ms. R. 89, la préface est précédée d'un *Avertissement* autographe :

Qu'est-ce que la célébrité ? Voici le malheureux ouvrage à qui je dois la mienne. Il est certain que cette pièce qui m'a valu un prix et qui m'a fait un nom, est tout au plus médiocre, et j'ose ajoûter qu'elle est une des moindres de tout ce recueil. Quel gouffre de misères n'eut point évité l'Auteur, si ce prémier ecrit n'eut été receu que comme il méritoit de l'être ? Mais il faloit qu'une faveur d'abord injuste m'attirât par degrés une rigueur qui l'est encore plus.

Cet avertissement écrit sur une page de garde de la brochure en 66 pages montre des ratures et corrections :

... ouvrage qui me l'a donnée...

... au dessous du médiocre...

... n'eût été traité...

Ces expressions ont été biffées. Rousseau écrit dans l'interligne le texte définitif.

L'édition Duchesne (1764) ne contient pas cet avertissement, contrairement à ce que dit George R. Havens dans son édition du *Discours* (New-York, 1946). Il n'est donné que dans l'édition Du Peyrou (1781).

1. L'annonce du concours parut dans le *Mercure de France*, octobre 1749, pp. 153-155, sous la forme suivante :

« Programme de l'Académie des Sciences et Belles-Lettres de Dijon, pour le prix de Morale de 1750.

« L'Académie, fondée par M. Hector Bernard Pouffier, Doyen du Parlement de Bourgogne, annonce à tous les Sçavans, que le

Prix de Morale pour l'année 1750, consistant en une Médaille d'or, de la valeur de trente pistoles, sera adjugé à celui qui aura le mieux resolu le Problème suivant.

» *Si le rétablissement des Sciences et des Arts a contribué à épurer les mœurs.*

» Il sera libre à tous ceux qui voudront concourir, d'écrire en François ou en Latin, observant que leurs Ouvrages soient lisibles, et que la lecture de chaque Mémoire remplisse et n'excede point une demie heure.

» Les Mémoires francs de port (sans quoi ils ne seront pas retirés) seront adressés à M. Petit, Secretaire de l'Académie, rue du Vieux Marché à Dijon, qui n'en recevra aucun après le 1er Avril.

» Comme on ne sçauroit prendre trop de précautions, tant pour rendre aux Sçavans la justice qu'ils méritent, que pour écarter, autant qu'il est possible, les brigues et cet esprit de partialité, qui n'entraînent que trop souvent les suffrages vers les objets connus, ou qui les en détournent par d'autres motifs également irréguliers, l'Académie déclare que tous ceux qui, ayant travaillé sur le sujet donné, seront convaincus de s'être fait connoître directement ou indirectement pour Auteurs des Mémoires, avant qu'elle ait décidé sur la distribution du Prix, seront exclus du concours. Pour obvier à cet inconvénient, chaque Auteur sera tenu de mettre, au bas de son Mémoire, une Sentence ou Devise, et d'y joindre une feuille de papier cachetée, sur le dos de laquelle sera la même Sentence, et sur le cachet, son nom, ses qualités et sa demeure, pour y avoir recours à la distribution du Prix. Lesdites feuilles ainsi cachetées, de façon qu'on ne puisse y rien lire à travers, ne seront point ouvertes avant ce tems-là, et le Secrétaire en tiendra un Régistre exact. Ceux qui exigeront de lui un Récépissé de leurs Ouvrages, le feront expédier sous un autre nom que le leur, et dans le cas, où celui qui auroit usé de cette précaution, auroit obtenu le Prix, il sera obligé, en chargeant une personne domiciliée à Dijon, de sa Procuration pardevant un Notaire, et légalisée par le Juge, d'y joindre aussi le Récépissé.

» Si celui, à qui le Prix sera adjugé, n'est pas de Dijon, il enverra pareillement sa Procuration en la forme susdite; et s'il est de cette Ville, il viendra le recevoir en personne le jour de la distribution du Prix, qui se fera dans une Assemblée publique de l'Académie, le Dimanche 23 Août 1750. »

Le sujet de ce concours avait été proposé par l'académicien Gelot, que Ruffey, dans son *Histoire secrète de l'Académie de Dijon* (Paris, 1909), traite de « bavard insupportable qui abuse de sa mémoire et encore plus de la vérité ». Treize réponses furent présentées. Les lauréats furent désignés le 10 juillet. Dix jours plus tard, Rousseau remerciait les membres de l'Académie (*C.G.*, t. I, p. 304), mais il ne put se rendre à Dijon pour la remise du prix et fit tenir sa procuration à M. Tardy, receveur des dîmes. « Une longue et cruelle maladie... ayant considérablement retardé l'impression » de son *Discours*, Rousseau s'excusa le 9 janvier 1751 d'adresser avec un tel retard les premiers exemplaires de son *Discours*, comme c'était son « devoir » et son « intention ». (*C.G.*, t. I, p. 307.) Remarquons encore que la réponse, qui reçut un premier accessit, avait pour devise une phrase de Sénèque, que Rousseau citait dans son *Discours : postquam docti prodierunt boni desunt*, et que son auteur, Grosley, soutenait la même thèse que Rousseau.

2. Le nom de Rousseau apparait pour la première fois dans l'édition Barillot et fils, in-8°, 55 pages. La lettre à Voltaire du 30 janvier 1750 est signée du nom de « J. J. Rousseau Citoyen de Genève ». Il s'agit de se distinguer de Jean-Baptiste (de Paris) et de Pierre (de Toulouse), avec l'intention aussi, peut-être, de se rattacher à sa ville natale. Une édition de 1752 (en 52 pages) remplace *de Genève* par *Genevois*.

3. *Barbarus*... « On me tient pour barbare parce qu'on ne me comprend pas » (*Tristes*, l. X, v. 37). Le vers d'Ovide sert encore d'épigraphe aux *Dialogues*. La bibliothèque de son grand-père comprenait *Les Métamorphoses* sinon *Les Tristes* (*Confessions, O.C.*, Pléiade, t. I, p. 9). Le qualificatif de *barbarus* est une sorte d'antiphrase chez Ovide — non pas chez Jean-Jacques.

P. 27

(a) Il existe de la préface un premier état manuscrit (Bibliothèque nationale; nouv. acq. 5215, f° 531), dont voici le texte :

Le sujet de ce discours est une des grandes et belles questions qui ayent jamais été agitées, et fort différente par son importance de ces subtilités métaphysiques qui ont gagné toutes les parties de la Littérature, et dont les Programmes d'Académie ne sont pas toujours exempts.

Comptant peu sur l'honneur que j'ai receu, j'avois, depuis l'envoy refondu et augmenté mon discours au point d'en faire en quelque manière un autre ouvrage, aujourdui je me suis cru obligé de le rétablir dans l'état où il a été couronné. J'y ai seulement jetté quelques Notes et laissé deux additions qui seront faciles à reconnoître et que l'académie n'auroit peut être pas approuvées, ce qui m'oblige à faire cet avertissement.

Je prévoi qu'on me pardonnera difficilement le parti que j'ai osé prendre dans ce Problème ; ayant heurté de front tout ce qui fait aujourdui l'admiration des hommes, je ne puis m'attendre qu'à un blâme universel et ce n'est pas pour avoir été honoré de l'approbation de quelques Sages que je dois compter sur celle du Public, aussi mon parti est-il pris là dessus ; je ne me soucie de plaire ni aux beaux esprits, ni aux gens à la mode. Il y aura dans tous les tems une foule d'hommes faits pour être subjugués par les opinions de leur Siècle, de leur ville, de leur société ; tel fait aujourdui l'esprit fort et le philosophe qui par la même raison n'eut été qu'un fanatique du tems de la ligue. Il ne faut point écrire pour de tels Lecteurs quand on veut vivre au delà de son siècle.

L'autographe a des ratures et suppressions : *Je me crois* remplacé par *je me suis cru* ; le *Problème proposé* par *ce Problème*. Rousseau a supprimé après... *la mode — je les dispense volontiers de me lire et je ne leur conseille point de lire un ouvrage qui n'a pas été fait pour eux.* Après... *de leur société; les Cabales de tous ces gens là peuvent donner de la reputation à un auteur mais non pas de la gloire.* A relever la première phrase rédigée comme elle sera après correction dans l'exemplaire Favre (Ms. R. 89). En revanche, la graphie *exempts* de l'autographe n'y a pas été rétablie. Ce premier état de la préface a été publié par M. R. A. Leigh dans les *Annales J.-J. R.*, t. XXXIV, 1956-1958, pp. 59-61. Un texte presque semblable a été publié par MM. Pichois et Pintard dans *Rousseau entre Socrate et Caton* (Paris, 1972) d'après un manuscrit propriété privée.

(*b*) Ms. R. 89 : *une des grandes et belles questions qui aient...*

1. Les académiciens de Dijon, sans doute, et quelques autres : Diderot, d'Alembert... ?

2. *Deux additions faciles à reconnoitre.* Voire ? Les commentateurs les plus avertis ne désignent pas les mêmes passages. Pour M. Marcel Françon (*Annales J.-J. R.*, t. XXXI, p. 305), il s'agirait de deux passages vantant le courage et la simplicité des Suisses :

P. 11 « Telle enfin s'est montrée jusqu'à nos jours... »
P. 20 « Une troupe de pauvres montagnards... »

Hypothèse plus probable à mes yeux, nous retiendrions p. 7 : Les Sciences, les Lettres et les Arts « étouffent en eux (les hommes) le sentiment de cette liberté originelle »; avec la note d'un républicanisme rigoureux. L'alinéa où se trouve cette phrase étant supprimé, la suite des idées n'est pas rompue. Et p. 25 : « D'où naissent tous ces abus, si ce n'est de l'inégalité funeste ? »

Le *Mercure* (janvier 1751) remarquait : « Ce discours... est accompagné de notes aussi hardies que le texte... On voit que l'Auteur s'est nourri l'esprit et le cœur des maximes de son pays »; et le mois suivant, les *Mémoires de Trévoux* : « Quelques traits décèlent la première éducation reçue dans une Republique... traits qui n'étoient pas dans l'exemplaire manuscrit remis à l'Académie ».

P. 29

1. HORACE, *De Arte Poet.*, v. 25 : « Nous sommes abusés par l'apparence du bien ».

2. La question posée par l'Académie : *Si le rétablissement des Sciences et des Arts a contribué à épurer les mœurs* est modifiée par Rousseau. L'addition *ou à corrompre* ouvre plus large la voie au paradoxe. Cf. les *Confessions* (Œuvres complètes [O.C.], Paris, Bibliothèque de la Pléiade, t. I, p. 351) où la formulation est encore différente. Dans son *Histoire secrète de l'Académie de Dijon*, Richard Ruffey, académicien, n'est pas plus exact (éd. Lange, Paris, 1909, p. 44).

3. Les études de Roger TISSERAND, *L'Académie de Dijon de 1740 à 1793* (Paris, 1936), de Marcel BOUCHARD, *De l'Humanisme à l'Encyclopédie* (Paris, 1929), surtout : *L'Académie de Dijon et le premier Discours de Rousseau* (Paris, 1950) réduisent très sensiblement

la portée de l'éloge. « Leur mérite et leurs talents [des académiciens] semblent le plus souvent bien médiocres et bien ternes », écrit M. Bouchard en son dernier ouvrage, p. 29.

P. 30

(a) Ms. R. 89 : *au-dessus de lui-même...*

1. Cf. Bossuet, *Discours sur l'histoire universelle*, IIe Époque : [Après le Déluge]. Tout commence : *il n'y a point d'histoire ancienne où il ne paraisse des vestiges de la nouveauté du monde*, etc. Mais Rousseau précise : *par ses propres efforts*, etc.

P. 31

(a) Ms. R. 89 : *... petitesse d'ame...*

1. Ce trait est emprunté à Pline l'Ancien, *Histoire naturelle*, l. VI, ch. xxv. Jean-Jacques a lu Pline aux Charmettes, si l'on en croit *Le Verger de Madame la Baronne de Warens* (MDCCXXXIX). *C.G.*, t. I, appendice, p. 7 (*O.C.*, Pléiade, t. II, p. 1128). Faut-il rappeler La Bruyère (ch. x) : « C'est une politique sûre et ancienne dans les républiques que d'y laisser le peuple s'endormir dans les fêtes, dans les spectacles, dans le luxe, dans le faste... », etc. ?

P. 32

1. *La vertu qui est la force et la vigueur de l'âme*. Alb. Schinz dans un article du *Mercure* (1er juin 1912) et dans son livre : *La Pensée de J.-J. Rousseau*, pp. 138 sq., — après avoir distingué trois sens du mot vertu chez Jean-Jacques : vertu-sagesse pour le bonheur, vertu-renoncement qui ordonne l'homme à l'au-delà, vertu-innocence — prétend que dans le premier *Discours* l'auteur reste attaché à la signification chrétienne de vertu-renoncement, mais en la compliquant avec la signification première qui est païenne. M. G. Pire nous semble avoir raison, pour qui, dans le premier *Discours*, la vertu est celle des hommes illustres de Plutarque, *Revue de littérature comparée*, 1958. « Force et vigueur de l'âme ». Cette conception d'une vertu active, combative, ne sera jamais abandonnée par Rousseau, dût-il la nuancer ou la compléter. Elle sera distincte de la bonté naturelle qui ignore les conflits et les luttes. Cf. *Émile*, l. II, *Économie politique, supra*, pp. 252 sq., *La Nouvelle Héloïse* (*O.C.*, Pléiade, t. II, p. 118) et *1er Dialogue* (*O.C.*, Pléiade, t. I, p. 670) avec le commentaire. Voir aussi les lettres du 6 janvier 1764, du 15 janvier 1769 (*C.G.*, t. X, p. 289; t. XIX, p. 48).
Si prédomine ici la notion d'une vertu spartiate et romaine, l'on n'y voit guère apparaître le renoncement évangélique. Mais cf. plus loin les *Observations* au discours de Stanislas et la réponse à Bordes. Une phrase de L. Bertrand, rapportée par M. G. R. Havens,

p. 183, note 72, qui l'approuve (« La vertu chez les écrivains du xviiie siècle, n'est plus, suivant la formule chrétienne, la mortification, mais la perfection de la nature »), énonce deux inexactitudes en ramenant la vertu chrétienne à la mortification et en l'opposant à la perfection de la nature — ce dernier mot étant, d'ailleurs, équivoque : voir par ex. Saint Augustin, *Epist. CLXVII* : la vertu est charité par quoi l'amour est ordonné à son juste objet, ou *De Civitate Dei*, l. XV : « *la vertu est l'ordre de l'Amour* », etc.

Une dizaine d'années auparavant, dans une tragédie lyrique *(La Découverte de l'Amérique)*, le grand prêtre de l'île de Guanahan déplorait la perte pour ses fidèles de la liberté et de l'innocence. Les Espagnols triomphaient : *Vos Arts* (= vos moyens techniques) *sur nos Vertus vous donnent la victoire.*

Colomb, conquérant conquis et pacificateur, chantait (il eût chanté si Rousseau avait composé la musique jusqu'au bout) :

> *Vante-nous désormais ton éclat prétendu*
> *Europe : en ce climat sauvage,*
> *On éprouve autant de courage*
> *On y trouve plus de vertu.*

Le mot, de façon indécise, se rapproche davantage d'innocence native ou naïve (*O.C.*, Pléiade, t. II, pp. 827 et 839).

2. La politesse, la décence, les convenances sociales s'opposent à la sincérité, c'est-à-dire à l'accord des gestes, des propos d'un individu avec soi-même, avec son individualité propre. De cet accord, un objet essentiel de sa poursuite, Jean-Jacques a tenté de déterminer théoriquement les conditions et de donner pratiquement l'exemple. Sa réussite ou son échec ne se peuvent mesurer que dans la considération des circonstances de sa vie et du milieu historique où son œuvre s'est élaborée. Sujet proprement académique (voir les livres cités de M. Bouchard), l'importance de la politesse au xviiie siècle n'est pas à démontrer. Mentionnons comme à peu près contemporains du premier *Discours* : *Le Traité du vrai mérite de l'homme* de Le Maître de Claville (1734), *Les Essais sur les moyens de plaire* de Moncrif (1738), *Les Mœurs* de Toussaint (1748). Le titre de Moncrif est caractéristique. Cf. dans *Le Porte-feuille de Madame Dupin*, p. 96 : « *Il y a peut-être des règles sûres pour plaire* ».

3. La nature humaine, en son fond, est un donné que, pour l'instant, Rousseau ne songe pas à reconnaître plus précisément (voir sa réponse au roi de Pologne). Il se contente ici de dénoncer le mensonge mondain, les méfaits d'une habileté ou d'une industrie réfléchie qui méconnaît les originalités personnelles et détruit toute piété patriotique et religieuse. Nous ne croyons pas que la thèse de la perversité de la nature humaine soit postulée alors par l'écrivain. Voir en sens contraire Alb. Schinz dans *Revue du XVIIIe siècle* (1913, n° 4) et cf. ci-dessus, p. 15 : « Les hommes sont pervers »... qui n'infirme pas, croyons-nous, notre remarque.

P. 33

1. *se sont avancés à...* relevé par Lecat comme incorrect. L'on dit pourtant s'avancer au combat, à la mort. CORNEILLE, *Pompée*, II, 2 : s'avancer au trépas.

2. MONTAIGNE, *Essais*, l. III, ch. VIII, éd. Villey, t. III, p. 185. L'exception est en faveur de Diderot, vraisemblablement, qui s'était chargé de la publication du *Discours*. Ses *Pensées philosophiques* seront citées plus loin.

P. 34

1. « Les Egyptiens sont les premiers où l'on vit en les règles du gouvernement.. Comme la vertu est le fondement de toute société ils l'ont soigneusement cultivée... Il [Sesostris] ne conçut pas un moindre dessein que celui de la conquête du monde... Mais les choses humaines ne sont point parfaites et il est malaisé d'avoir ensemble dans la perfection les arts de la paix avec les avantages de la guerre » (BOSSUET, *Discours sur l'histoire universelle*, III, 3, pp. 459, 479, 483 de l'éd. Jacquinet). Le *Discours* est un des livres que Jean-Jacques enfant lisait à son père (*Confessions*, O.C., Pléiade, t. I, p. 9). Cf. ROLLIN, *Histoire ancienne*, t. I, p. 33 de l'éd. de 1817.

2. La condamnation porte sur le luxe principalement, sur les arts subsidiairement. Si l'épître à Bordes (*O.C.*, Pléiade, t. II, pp. 1130-1133) fait des concessions au luxe, l'épître à Parisot *(Ibid.*, pp. 1136-1144) le réprouve déjà plus nettement. Sous l'influence de Mme de Warens, Jean-Jacques avoue que de fier stoïcien et de républicain il est devenu homme du monde. Il faut tenir compte peut-être de l'action sur lui du milieu lyonnais (cf. A. RÜPLINGER, *Un représentant provincial de l'esprit philosophique au XVIIe siècle en France : Charles Bordes*). Sur Mably, qui à cette époque croit à l'inutilité du luxe, cf. P. GROSCLAUDE, *J.-J. Rousseau à Lyon*, p. 46. Le premier *Discours* condamne le luxe sans rémission. Le réquisitoire s'assure sur une tradition qui remonte à l'Antiquité mais il répond à une apologie de date récente. Le *Mondain* de Voltaire et la *Défense* ont exprimé les inconvénients politiques et économiques où mène la proscription de l'industrie et des arts; la légitimité du bien-être et du confort en toute condition; la critique de la frugalité romaine et de l'ascétisme chrétien; la relativité du luxe pourvoyeur de travail, etc. Le *Mondain* et ses sources (françaises et anglaises), dont la *Fable des Abeilles* de Mandeville, ont été étudiés par A. Morize dans un livre bien connu (*L'Apologie du luxe au XVIIIe siècle*, 1909). Mandeville est mentionné dans la préface de *Narcisse* et dans le second *Discours*. Il est possible que Rousseau l'ait connu dès l'époque du premier. Melon (*Essai politique sur le Commerce*, 1734), dont le chapitre IX est une apologie du luxe, sera nommé et jugé sévèrement dans la réponse à Bordes. La *Correspondance littéraire philosophique et critique* de Grimm, t. I, p. 128 de l'édition Tourneux, qualifie d'admirable l'essai de Melon. Voir aussi les *Lettres d'un*

Français à Londres par l'abbé Leblanc (1745, rééd. en 1749). Pour l'esprit qui prédomine, Voltaire, plus spécialement visé par Rousseau, sera directement apostrophé.

Il semble que cette attaque contre le luxe ait frappé, indisposé nombre de lecteurs (cf. *Mercure* de juin 1751. *C.G.*, t. I, p. 314). Elle n'était plus menée sous le couvert d'une fiction, à la manière du *Télémaque* de Fénelon ou des *Troglodytes* de Montesquieu. Streckeisen-Moultou a publié, d'après le ms. 7854 de Neuchâtel (avec quelques fautes), un fragment considérable sur le luxe, postérieur au discours et « se proposant comme le développement de certains théorèmes que la crainte des digressions m'avait fait avancer sans preuve dans d'autres écrits ». La question devait y être reprise par rapport à la prospérité de l'État. Les *Considérations sur le gouvernement de Pologne* introduisent une distinction — une concession, qui n'invalide pas le jugement constant de Rousseau (in *O.C.*, Pléiade, t. III, p. 965). Le *Discours sur les Richesses* publié par F. Bovet (1853) est postérieur probablement à 1754. Il se rattache naturellement à la campagne contre le luxe.

3. Le XVIIIᵉ siècle est perplexe sur le pluriel des noms propres. Cf. A. FRANÇOIS dans F. BRUNOT, *Histoire de la langue française*, t. VI, IIᵉ partie, p. 1428.

4. Pétrone *(arbiter elegantiarum* ou *elegantiae) ;* TACITE, *Annales*, XVI, 18.

P. 35

1. On sait la sympathie de Voltaire pour les Chinois. *Zadig* (1747) en passant fait leur éloge. Jean-Jacques paraît incliner plus loin vers une sorte de mandarinat. En réalité, à une instruction généralisée et corruptrice il oppose non pas la sagesse d'une classe privilégiée mais la science véritable de rares esprits, qui mériteraient d'accéder aux conseils des princes et d'éclairer les peuples. Cf. la réponse à Stanislas.

2. Comme la note le suggère, c'est Montaigne qui est la « source » de cet alinéa. L. I, ch. XXIV, éd. Villey, t. I, p. 182 : « En cette belle institution que Xenophon preste aux Perses, nous trouvons qu'ils apprennent la vertu à leurs enfants, comme les autres nations font les lettres ». Le roman de Philosophie est la *Cyropedie*. A la fin du même chapitre : « Les exemples nous apprennent, et en cette martiale police [Sparte] et en toutes ses semblables, que l'estude des sciences amollit et effemine les courages plus qu'il ne les fermit et aguerrit... Je treuve Rome plus vaillante avant qu'elle feust sçavante ». Scythes et Parthes comme Goths et Turcs montrent que la valeur guerrière s'accommode de l'ignorance et de la grossièreté, non pas de la science et de la culture raffinée.

Dès 1766, Dom Cajot s'était appliqué à relever *les plagiats de Monsieur J.-J. Rousseau*. Les « sourciers » qui l'ont suivi, dans des dispositions et des intentions autres que les siennes — Kruger

excepté — ont parfois manqué de mesure ou de prudence critique.
Pour ce passage-ci, des emprunts à Justin (Louis DELARUELLE,
Revue d'histoire littéraire de la France, 1912, p. 246), à Grotius
(J.-E. MOREL, *Annales J.-J. R.*, t. V, p. 162), des souvenirs ou
réminiscences de Platon et d'Horace (M. Kurt Weigand dans son
édition des *Discours* avec traduction en allemand, 1955) restent
problématiques.

La *nation rustique* est la Suisse. Pour Saint-Preux elle offre l'exemple d'un pays libre et simple où « l'on trouve des hommes antiques
dans les temps modernes » (*La Nouvelle Héloïse*, *O.C.*, Pléiade,
t. II, p. 60).

P. 36

1. « Ce grand Lycurgus » (MONTAIGNE, *Essais*, l. II, ch. XII,
éd. Villey, t. II, p. 226) «... cette excellente police de Licurgus est à
la vérité monstrueuse par sa perfection » (l. I, ch. XXV, éd. Villey,
t. I, p. 182). « L'histoire spartiate est.. toute miracle » (l. II, ch. XXXII,
éd. Villey, t. II, p. 528). Le parallèle de Sparte et d'Athènes est tradi-
tionnel. Quitte à le poursuivre dans un autre esprit, aboutir à une
autre conclusion, J.-J. Rousseau l'avait pu lire dans BOSSUET, *Discours
sur l'histoire universelle*, IIIe partie, ch. v. Son admiration pour Lacédémone est constante. Il l'exprime dans le *Contrat social* (II, III), le
Gouvernement de Pologne (ch. II). Sur les femmes de Sparte et les Genevoises, cf. la dédicace du *Discours sur l'origine de l'inégalité*. Il avait
songé à écrire une histoire de Lacédémone dont un fragment a été
publié par A. Jansen dans ses *Fragments inédits, recherches biogra-
phiques et littéraires* (Berlin, 1882); cf. en outre : *Parallèle entre les
deux républiques de Sparte et de Rome*, publié par Windenberger (*Essai
sur le système de politique étrangère de J.-J. Rousseau*, 1900, p. 274),
quelques lignes publiées par Streckeisen-Moultou (*Œuvres et Correspondance inédites*, 1861, p. 231) d'après le manuscrit de Neuchâtel,
qui sont de l'écriture de Mme Levasseur — non de Thérèse comme
il le dit. L'idéalisation de l'antique cité, qui commence à s'élaborer
dès le ve siècle av. J.-C. et se poursuit chez Plutarque, s'impose et en
impose à Rousseau et à ses disciples, non pas à Voltaire et à sa suite.
De la part des physiocrates, Sparte est l'objet « d'une absolue
réprobation ». La pensée des physiocrates est donnée dans l'ouvrage
classique de Weulersse, t. II, p. 37. L'ouvrage de F. OLLIER, *Le
Mirage spartiate* (Paris, 2 vol., 1933-1943) ne va pas au-delà de
Plutarque. Rapide esquisse de l'histoire du mirage dans Pierre
ROUSSEL, *Sparte* (Paris, 1939). Il convient de rappeler qu'avant de
lire les *Essais* de Montaigne, Jean-Jacques a fait, enfant, sa lecture
favorite des *Hommes illustres* de Plutarque. Sa dette envers l'un ne
permet pas de nier sa dette envers l'autre. L'influence de Plutarque
sur Rousseau a été étudiée par A. Oltramare (*Mélanges B. Bouvier*,
1920) et plus récemment par G. Pire (*Revue de littérature comparée*,
1958). C'est Pisistrate qui fit rassembler les poèmes homériques.

2. MONTAIGNE, *Essais*, l. I, ch. XXXI. C'est la phrase finale du

chapitre « Des Cannibales » : « Mais quoi ! ils ne portent point de hault de chausses » (éd. Villey, t. I, p. 277).

3. « Quel plus grave tribunal y eut-il jamais que celui de l'Aréopage... Aucune compagnie n'a conservé si longtemps la réputation de son ancienne sévérité, et l'éloquence trompeuse en a toujours été bannie. » (BOSSUET, *Discours sur l'histoire universelle*, IIIe partie, ch. v, éd. Jacquinet, p. 499). ROLLIN, *Histoire ancienne,* porte un jugement semblable.

4. « Les Romains avaient été six cents ans avant que de la recevoir (la médecine = les médecins); mais après l'avoir essayée, ils la chassèrent de leur ville... » (MONTAIGNE, *Essais*, l. II, ch. XXXVII, éd. Villey, t. II, p. 585).

5. « Le roy Ferdinand, envoyant des colonies aux Indes, pourveut sagement qu'on n'y menast aulcuns escholiers de la jurisprudence... » (MONTAIGNE, *Essais,* l. III, ch. XIII, éd. Villey, t. III, p. 381).

P. 37

1. La distinction entre *même* adjectif et *même* adverbe s'établit lentement à l'époque classique. Le XVIIIe siècle connaît encore des hésitations et Rousseau en ses manuscrits, les confond souvent. Alex. FRANÇOIS, *Histoire de la langue française* de F. Brunot, t. VI, *Le XVIIIe siècle,* IIe partie, p. 1611.

2. Rousseau a donné ici une traduction libre de Platon, *Apologie de Socrate.* Il ne lit pas le grec. En 1643 avait paru une traduction française de l'*Apologie* et du *Criton* par Giry.

P. 38

1. Cf. PLUTARQUE, « Vie de Caton le Censeur », dans *Les Vies des Hommes illustres,* éd. Pléiade, t. I, p. 785.

2. Montaigne (*Essais,* l. I, ch. XXV) cite, en latin, la phrase de Sénèque, *Postquam docti prodierunt boni desunt,* traduite ici par Rousseau : *Depuis que les Sçavans...* (*Épître 95* à Lucilius). Cette phrase latine sert de devise à Grosley, l'un des concurrents auprès de l'Académie de Dijon. La condamnation qui enveloppe épicuriens, stoïciens et sceptiques de la nouvelle Académie est répétée dans la réponse au roi de Pologne (cf. *supra*, p. 72).

3. Fabricius est cité à titre d'exemple dans le *De Providentia* de Sénèque, § 3. Mais c'est Plutarque (*Vie de Pyrrhus,* XLV) surtout qui inspire ici Rousseau. Le parallèle des *Romains et des Français* qui connut grand succès lors de sa publication en 1740, et qui, peut-être, fut communiqué à Rousseau lors de son séjour à Lyon, par Bordes ou par Mably lui-même, montrait en Fabricius l'image du grand homme vertueux. (RÜPLINGER *Charles Bordes,* p. 22; P. GROSCLAUDE, *J.-J. Rousseau à Lyon,* pp. 46 sq.). L'opinion de M. Lion selon qui Rousseau devrait cette fameuse prosopopée aux *Lettres Juives* du Chevalier d'Argens (*Revue d'histoire littéraire,* juillet 1926) nous paraît improbable. La prosopopée est-elle un rappel de

Virgile, *Énéide*, l. VI, v. 848 sq. > C'est Anchise qui parle :
« D'autres, je le crois, seront plus habiles à donner à l'airain le
souffle de la vie... A toi, Romain, qu'il te souvienne d'imposer
aux peuples ton emprise. Tes arts à toi sont d'édicter les lois de la
paix entre les nations, d'épargner les vaincus, de dompter les
superbes ». Fabricius-Rousseau témoigne d'un impérialisme plus
violent et plus positivement « vertueux ».

4. Néron. Cf. Suétone, *Nero*, § 10.

P. 39

1. Un des passages de Rousseau qui exprimeraient au mieux « le
refus de l'histoire », refus sujet à des repentirs. Le *Projet pour M. de
Sainte-Marie* qui n'est pas, d'ailleurs, en accord avec le *Discours*,
exprime déjà cette idée que si le cœur est corrompu « les sciences
sont comme autant d'armes dans les mains d'un furieux ».

P. 41

1. *Feuilleter* : 1) tourner les feuillets d'un livre, d'un manuscrit
qu'on examine légèrement; 2) étudier, lire avec application. *Dict.
Acad.*, 1740. En 1762 : 2) étudier, consulter des livres.

2. Louis Delaruelle (*Revue d'histoire littéraire*, 1912) remarque que
Rousseau a forcé le sens d'une phrase de Platon qui dit simplement
que le dieu Teuth, ayant inventé plusieurs sciences et notamment
l'écriture, en expliquait l'utilité au roi égyptien Thamos; celui-ci
aurait fait observer que les hommes pourvus de la science des lettres
se dispenseraient de réfléchir et pourraient bien, en fin de compte,
se trouver moins sages que par le passé. En rapportant une phrase
de Prométhée au satyre, phrase cueillie dans les *Œuvres morales* de
Plutarque-Amyot, Rousseau la tronque et en fausse le sens. Mais,
selon Jean Thomas (*Revue d'histoire littéraire*, 1932, p. 426), Amyot
commet, de son côté, une infidélité envers Plutarque en attribuant à
Prométhée l'explication : *car...* etc., que Plutarque met sur les
lèvres du satyre. Restent douteux les rapprochements établis pour
ce passage par Dom Cajot puis par Kruger (*Fremde Gedanken in
J. J. Rousseaus erstem Discours*, Halle, 1899) avec Giraldi (*Progymnama
adversus litteras et litteratos*, 1551) et avec Agrippa (*De Incertitudine
et Vanitate scientiarum*, 1530). Le premier fournit à Montaigne (*Essais*, l. I, ch. xxxv) un exemple d'un *défaut de nos polices* simplement; il n'est jamais mentionné par Rousseau. Un exemplaire
d'Agrippa a été emprunté par Rousseau à la Bibliothèque du roi,
mais en juin 1751 seulement. La Bibliothèque de Neuchâtel
(ms. 7842) possède des extraits par Rousseau du *De Incertitudine....*
de date incertaine. Cf. Havens, p. 72 de son édition.

P. 42

1. Pressé par Gautier de justifier son image décevante, Rousseau
se contente de rappeler que cette sentence est aussi ancienne que
la philosophie. L'image était en effet traditionnelle. Le mot de

Démocrite : *quasi in puteo quodam veritatem jacere,* est cité dans les *Institutions* de Lactance. A cette date Rousseau a-t-il lu les *Institutions...* ? (cf. *La Nouvelle Héloïse,* O.C., Pléiade, t. II; p. 384). En revanche Saint-Aubin (t. I, p. 9 de son *Traité historique de l'Opinion*) donne en note une phrase des *Académiques* de Cicéron et ajoute : « et suivant l'expression familière de Démocrite, que la vérité est plongée au fond du puits »... Rousseau, c'est certain, a lu Saint-Aubin (cf. *Le Verger des Charmettes,* O.C., Pléiade, t. II, p. 1124).

2. *Investigation, criterium.* Néologismes. Le premier lui est reproché par LECAT, *Recueil de toutes les pièces qui ont été publiées à l'occasion du Discours de J. J. Rousseau,* imprimé chez Jean-Paul Mevius, t. II, p. 76. « J'ai voulu, répond Rousseau, rendre service à la langue en y introduisant un terme doux et harmonieux dont le sens est déjà connu et qui n'a point de synonyme en français. » L'Académie l'enregistre en 1798 seulement. Le Littré de 1957 cite quelques exemples antérieurs à l'époque classique. Il semble bien que *criterium* ait été mis en circulation par Rousseau. La forme française est postérieure. Dans les *Annales J.-J. R.,* t. III, p. 200, Ritter cite un exemple de [Jean]-Alph. Turrettini, mais dans un texte latin que Rousseau a — peut-être — connu.

3. C'est du mensonge que Montaigne au livre I, ch. IX des *Essais* dit qu'il « a cent mille figures et un champ indéfini ; les Pythagoriciens font le bien certain et finy, le mal infiny et incertain » (éd. Villey, t. I, p. 42).

4. Th. DUFOUR, *Annales J.-J. R.,* t. I, p. 180, rapprochera de ce passage l'un de deux fragments dictés à Mme Levasseur (ms. Neuchâtel), publiés par Matile puis par Sandoz, avec quelques erreurs de transcription (*Bibliothèque universelle,* 1861. t. XII, p. 256). « Le goût des lettres nait de l'oisiveté et la nourrit, de sorte que la culture annonce chez un peuple un commencement de corruption et l'achève très promptement »... « Quant aux arts mécaniques à force de prévenir toutes nos incommodités, ils énervent le corps et efféminent les âmes » (Sandoz : asservissent), etc.

5. « Descartes avec des dés formait le ciel et la terre. » (*Émile,* l. IV).

6. A feuilleter le *Mercure de France* de l'époque, on voit que la question de l'électricité est souvent traitée. En décembre 1749, après un discours sur le luxe, un autre sur la politesse, l'Académie de Dijon entend un discours sur l'électricité et le tonnerre (BOUCHARD, *L'Académie de Dijon et le Premier Discours,* p. 34).

P. 43

(a) Ms. R. 89 : *essencielles,* mais laisse plus haut (p. 5) *essentiel.* Ailleurs Rousseau hésite.

1. Rappel de préoccupations et de recherches contemporaines, auxquelles s'intéresse Voltaire. La technicité quasi hermétique des

termes joue avec l'épithète laudative *(sublimes)* pour un même effet d'ironie. Les allusions vont de Malebranche à Leibniz (vision en Dieu, l'âme et le corps), à Fontenelle (pluralité des mondes...), Newton (système du monde) et Réaumur. Les *Mémoires pour servir à l'histoire des insectes* datent de 1734-1742. *Le Verger de Madame de Warens* unit dans un même vers Newton, Malebranche et Leibniz. Les termes techniques ne sont pas enregistrés dans les éditions successives du *Dictionnaire de l'Académie*. Se reporter à Littré.

Sur la vanité des sciences, cf. *La Recherche de la vérité*, l. IV, ch. VI : « Il est vrai que la plupart des sciences sont fort incertaines et fort inutiles. On ne se trompe pas beaucoup de croire qu'elles ne contiennent que des vérités de peu d'usage. Il est permis de ne les étudier jamais, et il vaut mieux les mépriser tout à fait que de s'en laisser charmer et éblouir. » Sur la portée limitée de ces rapprochements : *Annales J.-J. R.*, t. XXXII, p. 208.

2. Montaigne, au chapitre « De la Vanité » *(Essais*, l. III, ch. IX) : « L'escrivaillerie semble estre quelque symptome d'un siecle desbordé... », etc. (éd. Villey, t. III, p. 217). Se reporter au fragment déjà cité sur le luxe publié par Streckeisen-Moultou (p. 239) d'après le ms. de Neuchâtel nº 7867. Ceux-là mêmes qui dénoncèrent les conséquences fâcheuses du luxe l'ont fait par vanité. « Instruit par l'expérience du tort que peut faire le nom de paradoxe à des vérités démontrées, je suis bien aise d'ôter d'avance cette ressource à ceux qui n'en auront point d'autre pour combattre ce que j'ai à prouver » (par erreur, Streckeisen-Moultou : « j'ai approuvé »). Les adversaires se renvoient le mot accusateur. Le roi de Pologne demandera : « N'est-ce qu'un paradoxe dont il a voulu amuser le public ? » Rousseau prétend s'appuyer sur une expérience de tous les siècles, alors que ses critiques n'envisagent que la conception alors régnante. Bientôt, comme on sait, il revendiquera comme honorable sa qualification « d'écrivain à paradoxe ». Il s'amusera à rapporter les reproches contradictoires qui lui sont adressés : amateur de paradoxe et plagiaire (à la comtesse de Boufflers, 5 avril 1766, *C.G.*, t. VI, p. 148. Le « gros livre de Cachot » *(Les Plagiats de M. J.-J. Rousseau,* de Dom Cajot), vient de paraître.

3. Forme ancienne. F. BRUNOT, *Histoire de la langue française,* t. IV, *La Langue classique*, p. 713. NYROP, *Morphologie*, § 51. La forme actuelle s'introduit tôt.

4. *L'Esprit des lois*, l. VII, ch. 1 sq., lie la question des lois somptuaires à celle du luxe, naturellement, et toutes deux à celle de la constitution politique des États. Une démocratie qui vise à l'égalité requiert des lois qui limitent la fortune et la dépense. Leblanc *(Lettres d'un Français à Londres,* 1745, t. II, p. 212) oppose également Genève et la France. Rousseau qui, assurément, croit à l'action de l'institution, insiste ici sur les dispositions morales requises. Les lois sont inutiles quand le luxe est établi, dit la *Lettre à Raynal ;* et plus nettement, le *Gouvernement de Pologne (O.C.*, Pléiade, t. III, p. 965) : « Ce n'est pas par des lois somptuaires qu'on vient à bout

d'extirper le luxe : c'est au fond des cœurs qu'il faut l'arracher en y imprimant des goûts plus saints et plus nobles »... « La simplicité dans les mœurs et dans la parure est moins le fruit de la loi que celui de l'éducation ». Voir aussi *Économie politique* (*Discours sur l'économie politique*, in *Du contrat social*, Paris, Gallimard, Folio essais, p. 74). Fénelon propose d'introduire des lois somptuaires dans la monarchie française aussi (*Plans de Gouvernement*, 1711. *O.C.*, éd. 1850, t. VI, p. 183).

P. 44

1. Allusion à Melon qui se sert du *Political Arithmetick* de W. Petty. Cf. Havens dans son commentaire, pp. 220-221, *Annales J.-J. R.*, t. XXVIII, p. 142. Melon est nommé dans la *Dernière Réponse* (à Bordes). Le chapitre IX du *Traité* de Melon est consacré à la défense du luxe.

2. C'est l'apposition qui, de façon insolite, détermine le nombre du verbe. Le temps de la réglementation est pourtant venu, selon Brunot, dès le XVIIe siècle. Brunot (*Histoire de la langue française*, t. IV, pp. 911-913) cite quelques exemples d'irrégularités, dont aucun n'est identique à celui-ci. Quelques autres dans HAASE, *Syntaxe française du XVIIe siècle*, § 64.

3. Havens voit dans ce passage sur les Suisses une addition au manuscrit présenté aux académiciens de Dijon. Bien improbable. Cf. notes de la page 3.

4. *baran* (RICHELET, *Dict.*, 1680). « Quelques-uns disent *harang* » (FURETIÈRE, *Dict.*, 1690). *Hareng* (*Dict. Acad.*, 1694).

Philippe II et les Pays-Bas. Kurt Weigand (note 22 de son édition) voit ici une allusion à la défaite de l'Armada par les Anglais. L'allusion reste incertaine. Cf. *Jugement sur la paix perpétuelle...* « la révolte des Pays-Bas, les armemens contre l'Angleterre, les guerres civiles de France, avoient épuisé les forces d'Espagne et les tresors des Indes (*O.C.*, Pléiade, t. III, p. 596).

P. 45

1. Le *Dict. Acad.* de 1740 donne des *chefs d'œuvres* ; ce n'est qu'à partir de 1762 qu'il écrit des *chef d'œuvres*. On écrivait au XVIIIe siècle tantôt des *chef d'œuvre*, tantôt des *chef d'œuvres* (orthographe de l'Académie), tantôt des *chefs d'œuvre*. De Wailly, d'Alembert, Féraud se prononcent pour la dernière forme (F. BRUNOT, *Histoire de la langue française*, t. VI, 2e partie, p. 1427).

2. « Depuis 1718, il a laissé tomber le nom roturier d'Arouet, il est M. de Voltaire. » (G. LANSON, *Voltaire*, p. 17). Pourquoi ce rappel ici du nom abandonné ? Rousseau veut-il ramener Voltaire à ses origines et dénoncer plus sensiblement l'altération du génie original par l'esprit mondain ? On a signalé à M. Havens une attaque (en 1749) contre l'écrivain à cause de son changement de nom, G. R. HAVENS, *Le Premier Discours*, p. 226. La lettre de Rousseau à Voltaire du 30 janv. 1750, témoignage d'admiration (« je ne renoncerai jamais à mon admiration pour vos ouvrages »), tire à soi

Voltaire (« Ces écrits ne sont point d'un homme indifférent pour la vertu »).

3. Carle (Van Loo) est nommé en 1749 directeur de l'École des élèves privilégiés. Une note de la *Correspondance littéraire* de Grimm (éd. Tourneux, t. I, p. 356) non datée mais antérieure à 1750 le juge « fort habile dans la partie de l'histoire; il l'emporte sur Restout pour la couleur et la grande manière ». Pierre « a fait des choses admirables, mais il se livre trop à sa facilité et il est inégal. Il surpasse pour la force de la couleur Restout et peut-être Van Loo », etc. *(ibid.)* Carle Van Loo sera nommé premier peintre du roi en 1762 *(ibid.,* t. V, p. 144). « Ce fut Pierre qui fit le dessin de la planche qui est à la tête de mon premier discours, et il est très mal. » *(C.G.,* t. III, p. 246). La gravure est de Bacquoy.

4. *Vis à vis* : « Sorte de voiture en forme de berline, mais où il n'y a qu'une seule place dans chaque fond » *(Dict. Acad.,* 1740, 1762). Sur les peintures scandaleuses ornant les voitures, cf. *La Nouvelle Héloïse, O.C.,* Pléiade, t. II, p. 531.

5. Dans un fragment publié par Th. Dufour *(Annales J.-J. R.,* t. I , p. 204) : ... « Toutes proportions gardées, les femmes auroient pu donner de plus grands exemples de grandeur d'âme et d'amour de la vertu, et en plus grand nombre que les hommes n'ont jamais fait, si notre injustice ne leur eût ravi, avec leur liberté, toutes les occasions de les manifester aux yeux du monde. » Il se réserve de parler une autre fois des femmes de lettres. Cf. Dédicace du second *Discours, Lettre à d'Alembert,* etc., *passim,* et le livre V de l'*Émile.* L'opposition est claire des mondaines et de leur pouvoir tyrannique aux femmes injustement asservies ou aux aimables et vertueuses citoyennes de Genève dont « le chaste pouvoir exercé seulement dans l'union conjugale ne se fait sentir que pour la gloire de l'État et le bonheur public. » L'abbé de Saint-Pierre allait jusqu'à faire participer les femmes à la vie politique et militaire. *(Le Portefeuille de Madame Dupin,* publié par le comte G. de Villeneuve-Guibert, pp. 269 sqq.)

P. 46

1. La faveur dont jouissait Pigalle avait grandi d'année en année entre 1745 et 1750. A cette dernière date on peut le qualifier de « sculpteur officiel ». (Samuel ROCHEBLAVE, *Revue du XVIIIe siècle,* 1913, fasc. 1.)

2. *Magot (Dict. Acad.,* 1762) : figure grotesque de porcelaine, de pierre, etc. Ce sens n'est pas donné dans *Dict. Acad.* 1740 et ne se trouve ni dans Richelet ni dans Furetière.

3. MONTAIGNE, *Essais,* l. I, ch. xxiv, éd. Villey, t. I, p. 184 : « Quand les Gots ravagèrent la Grèce, ce qui sauva toutes les librairies d'être passées au feu, ce feut un d'entre eulx qui sema cette opinion qu'il falloit laisser ce meuble entier aux ennemis propre à les destourner de l'exercice militaire, et amuser à des occupations sédentaires et oysives. Quand nostre roy, Charles huitième, quasi

sans tirer l'épée du fourreau, se veit maistre du royaume de Naples et d'une bonne partie de la Toscane, les seigneurs de sa suitte attribuèrent cette inesperée facilité de conqueste, à ce que les princes et la noblesse d'Italie s'amusoient plus à se rendre ingénieux et sçavans que vigoureux et guerriers. »

P. 47

1. *orphéverie :* forme insolite pour orfèvrerie. Cf. dans la *Dernière Réponse, orphèvres*. Littré cite une forme ancienne *orfaverie*.

2. Cf. MONTESQUIEU, *Grandeur et décadence des Romains*, ch. x, ch. XIII, et SALLUSTE, *Catilina*, § XI, 5 : *Loca amoena voluptaria, facile in otio feroces militum animos molliverant,* etc. « Ces contrées agréables et voluptueuses avaient facilement énervé, dans l'oisiveté, les âmes farouches des soldats ». Salluste parle des soldats de l'armée d'Asie commandée par Sylla.

3. Cf. *Grandeur et décadence des Romains*, ch. II (t. II, p. 127, éd. Laboulaye). Les soldats romains à cause de la pesanteur des armes devaient « se rendre plus qu'hommes » d'où « un travail continuel qui augmentait leur force », etc., au lieu que « nos soldats passent sans cesse d'un travail extrême à une extrême oisiveté », etc.

4. Dom Cajot proteste contre l'application aux Français de son temps d'un mot de Tite-Live sur les Gaulois, rapporté par Montaigne au livre II, ch. IX des *Essais*, éd. Villey, t. II, p. 100 : *Intolerantissime laboris corpora vix arma humeris gerebant*. Incapables de souffrir la fatigue, ils avaient peine à porter leurs armes. Lecat, à une hypothèse, oppose un fait : le prince de Conti, lors de la dernière guerre d'Italie, traversant les Alpes. Il reconnaît, du reste, que ses contemporains négligent trop les exercices du corps. (*Recueil...*, Mevius, t. II, pp. 87-88.)

P. 48

1. Montaigne au livre I, ch. XXVI des *Essais*, éd. Villey, t. I, p. 210 : « Je suis de l'advis de Plutarque, qu'Aristote n'amusa pas tant son grand disciple [Alexandre] à l'artifice de composer syllogismes, ou aux Principes de Géométrie, comme à l'instruire des bons préceptes touchant la vaillance, la prouesse », etc. Au livre II, ch. XVII, il accuse une institution « qui a eu pour fin de nous faire, non bons et sages, mais sçavants » (éd. Villey, t. II, p. 446). Sur les universités, cf. *Lettre à M. Grimm* (*supra*, pp. 83 sq.). Un fragment sur l'abbé de Saint-Pierre est de même inspiration que quelques pages des manuscrits Dupin auxquelles Rousseau n'est probablement pas étranger. Le fragment se trouve dans Streckeisen-Moultou, p. 308. (Cf. *Le Portefeuille de Madame Dupin*, p. 103). Jean-Jacques a vu l'abbé à Chenonceaux en 1742.

2. Rousseau à Marcet de Mezières, le 25 mai 1751 : « Vous ne vous êtes point trompé en croyant appercevoir un cœur pénètré dans ma manière seule d'employer le mot de patrie. Je vous sais un gré infini de cette observation », etc. « C'est à force de vivre

parmi des esclaves que j'ai senti tout le prix de la liberté. » (*C.G.*, t. I, p. 312). Pour Montesquieu (*Esprit des lois*, IV, v) l'amour des lois et de la patrie « est singulièrement affecté aux démocraties ». Et V, 11 : « L'amour de la patrie conduit à la bonté des mœurs et la bonté des mœurs mène à l'amour de la patrie » (éd. Laboulaye, t. III, p. 151, p. 165). Rousseau revient plusieurs fois au sentiment patriotique qui, selon lui, ne s'épanouit que dans la liberté. Voir la *Lettre à M. Grimm*, l'article *Économie politique*, *op. cit.*, pp. 63 sq. Au début de l'*Émile* : « Ces deux mots patrie et citoyen doivent être effacés des langues modernes. J'en sais bien la raison, mais je ne veux pas la dire; elle ne fait rien à mon sujet ». On la devine. Son intention est, en 1749, de remettre en circulation les mots, ranimer les sentiments. Quelques années plus tard, Coyer publie sa dissertation sur le vieux mot de patrie. Cf. *Correspondance littéraire* de Grimm, t. II, p. 445 (décembre 1754) : « nous servons le roi et l'Etat, et non pas la patrie, comme le voudrait notre auteur ».

3. DIDEROT, *Pensées philosophiques*, VIII (éd. Tourneux, t. I, p. 123) : « Il y a des gens dont il ne faut pas dire qu'ils craignent Dieu; mais bien qu'ils en ont peur. » Craindre = révérer, respecter. La peur n'est pas révérentielle ou respectueuse. Fréron proteste *(Lettres sur quelques écrits de ce temps)* : « tous ceux qui ont étudié dans de bons colleges, déposeront ici contre M. Rousseau. Ils rendent témoignage que c'est là qu'ils ont appris à connoitre, à aimer, à craindre Dieu et non à en avoir peur » (5 oct. 1751, t. V, pp. 73 sq.). La conjecture de Havens qui verrait là une interpolation de Diderot chargé de surveiller l'impression est gratuite et inutile. La référence à Diderot n'a pas disparu après la brouille des deux amis.

4. Montaigne. Le chapitre XXIV du livre I des *Essais* est une fois encore mis à contribution.

P. 49

1. *Annales J.-J. R.*, t. XIX : « L'Influence de J.-J. R. sur les Beaux-Arts », par Schiefenbusch. L'Antiquité est exaltée par Rousseau dans ses exemples de vertu bien plutôt que dans ses manifestations poétiques et artistiques.

2. Phrase ajoutée au manuscrit de Dijon pour l'impression ? Le *Mercure* de 1745 publie le sujet proposé par l'Académie Française : « *La Sagesse de Dieu dans la distribution inégale des richesses.* » Rousseau dès le premier *Discours* apparaît comme le champion de l'égalité. Cf. *Études Carmélitaines*, 1939, pp. 128 sq.

3. Dans *Le Portefeuille de Madame Dupin*, p. 103 : « C'est un tort de notre éducation et de notre politique de ne pas honorer les vertus de quelques marques extérieures de récompense. Ni dans les collèges, ni dans le monde, l'on n'apprend guère à estimer autre chose que les dignités et la richesse : cela ne porte pas à l'ambition vertueuse, cela fait placer nos premiers désirs sur les distinctions des rangs et des emplois, et empêche qu'on soit délicat sur le choix

des moyens qui y mènent. » Dans ses notes sur l'abbé de Saint-Pierre, Rousseau rapporte que l'abbé avait écrit à la plupart des collèges du royaume pour fonder dans chacun d'eux un prix de bienfaisance, à la pluralité des voix des écoliers. Proposition qui, d'ailleurs, ne fut agréée nulle part (cf. *O.C.*, Pléiade, t. III, p. 659).

4. *saye* (saie) : manteau militaire.

P. 50

1. Toutes les éditions du XVIIIᵉ siècle, y compris celle de Du Peyrou (1782), présentent cette discordance *(animée, rendu)*. L'invariabilité du participe suivi d'un attribut est déjà contestée à l'époque de Vaugelas (HAASE, *Syntaxe française du XVIIᵉ siècle*, § 92) — qui l'observe. Cf. A. FRANÇOIS, dans F. BRUNOT, *Histoire de la langue française*, t. VI, p. 1725).

2. « Le vrai sens de ce mot s'est presque entièrement effacé chez les modernes », dit l'auteur du *Contrat social*. Il ajoute : « les seuls François prennent tous familièrement ce nom de *citoyens* parce qu'ils n'en ont aucune véritable idée, comme on peut le voir dans leurs dictionnaires ». *Citoyen* ne signifie pas seulement une vertu mais un droit (*O.C.*, Pléiade, t. III, p. 290). D'Alembert, remarque Rousseau, ne s'y est pas trompé dans son article « Genève » de l'*Encyclopédie*. Le premier *Discours* essaie de ranimer la vertu pour bientôt revendiquer un droit.

3. Les paysans « épargnent aux autres hommes la peine de semer, de labourer et de recueillir pour vivre, et méritent ainsi de ne pas manquer de ce pain qu'ils ont semé » (*Les Caractères*, ch. XI : « De l'Homme »). Cf. *Dernière Réponse*, p. 79. La Bruyère fait partie de la bibliothèque du grand-père de Jean-Jacques. La crainte de Rousseau de voir déserter les campagnes procède surtout de sa préoccupation morale et sociale. Elle a sa nuance propre. Voir dans M. BOUCHARD, *De l'Humanisme à l'Encyclopédie*, pp. 693, 762, des textes où se reflètent les sentiments de la bourgeoisie d'alors.

4. Il n'y a pas lieu de suspecter ici la sincérité de l'auteur. Cf. *Lettre à d'Alembert* (à paraître dans le tome V de cette édition). Son approbation, son admiration n'allaient pas sans réserve assurément. Comme l'abbé de Saint-Pierre, et bien que le glorieux règne fût passé, il a la sagesse de taire certaines convictions dans « l'intérêt de l'État, celui du gouvernement et le sien » (cf. *O.C.*, Pléiade, t. III, p. 635). Les Académies sont ici honorées comme par Voltaire (*Lettres Philosophiques*, l. XXIV). Sur les Académies provinciales, D. MORNET, *Les Origines intellectuelles de la Révolution française*.

P. 51

1. *L'un... Berkeley. Les Mémoires de Trévoux* de mars 1750 annoncent la publication des *Dialogues* entre Hylos et Philonoüs, traduits par Coste, et rappellent la traduction antérieure d'Alciphron, Berkeley est cité dans *La Nouvelle Héloïse*, mais Rousseau l'avait peut-être lu quelques années plus tôt. *L'autre...* D'Holbach

ou plutôt La Mettrie (*Histoire naturelle de l'Ame,* 1745 — *L'Homme machine,* 1748). *Celui-ci…* L'allusion imprécise à des relativismes diversement nuancés peut s'appuyer sur MANDEVILLE, *La Fable des abeilles,* t. II, pp. 149-150 et *passim* ou sur SAINT-AUBIN, *Traité…,* p. 212 : « Heraclite soutenoit que le bien et le mal sont d'une même essence : Sénéque represente Epicure comme enseignant qu'il n'y a point de justice, et qu'aucune action n'est ni juste ni injuste »…, etc. *Celui-là :* Hobbes.

2. Une trace que laisse la « belle et curieuse exception » de Vaugelas (le participe suivi du sujet reste invariable) qui n'est plus guère admise au XVIIIe siècle. Cf. F. BRUNOT, *Histoire de la langue française,* t. VI, p. 1722.

3. Leucippe, maître de Démocrite; Diagoras, disciple de Démocrite, et surnommé l'athée.

P. 52

(a) Ms. R. 89 : *… pour l'y introduire…*

1. Diderot (*Pensées philosophiques,* nᵒ XLIV) dit : « les Pères de l'Eglise qui supprimèrent les ouvrages de leurs ennemis sont imités par saint Grégoire le Grand. S'il n'eût tenu qu'à ce Pontife nous serions dans le cas des Mahométans ».

La remarque M. de l'article de Bayle sur saint Grégoire dit son dédain de la grammaire et des lettres humaines. — De Chambéry, Rousseau demande à Barrillot, entre autres livres, un *Dictionnaire de Baile (sic.). C.C.,* t. I, p. 37. Cf. *Lettre à M. Grimm, supra,* p. 84.

P. 53

1. La science est réservée aux génies sans maître, capables de la créer. Cf. la réponse à Bordes. Descartes et Newton sont nommés dans *Le Verger de Madame de Warens (O.C.,* Pléiade, t. II, p. 1128). Sur la table de Diderot à Vincennes, avec Buffon il y avait F. Bacon (Verulam) qui dans son *De Dignitate et augmentis scientiarum* répondait aux critiques dirigées contre les Arts. M. J. Pommier suppose que l'illumination de Vincennes se serait produite au retour de la visite à Diderot. Ainsi s'expliquerait et se justifierait ce que prétend l'auteur de l'*Essai sur les Règnes de Claude et de Néron* (au chapitre LXV), *Revue des Cours et Conférences,* 1938 : « Diderot avant Vincennes ». Cette conjecture a contre elle les témoignages formels de Rousseau.

2. Cicéron et François Bacon ont accédé aux plus hautes charges dans l'État. Sur ce point, Rousseau s'accorde à la pensée des philosophes contemporains, que, jusqu'ici, il a contredits : tous réclament la considération, et l'office d'éclairer le Prince. Leblanc, en revanche, *Lettre d'un Français à Londres,* t. III, p. 80, bien que prévenu en faveur des gens de lettres, estime que l'expérience a démontré qu'il en est peu qui soient capables de « grandes affaires » (la politique).

P. 54

(a) Ms. R. 89 : *dans leurs Cours.*

1. La préface à *La Recherche de la vérité* de Malebranche contient une expression analogue, sans plus : « Lorsqu'un homme ne juge des choses que par les idées prises de l'esprit, qu'il évite avec soin le bruit confus des créatures et que rentrant en lui-même il écoute son souverain Maître dans le silence de ses sens et de ses passions, il est impossible qu'il tombe dans l'erreur » (t. I, p. 7, éd. Garnier). Cf. *Émile*, l. II : « La conscience est la voix de l'âme, les passions sont la voix du corps » mais « la conscience ne nous trompe jamais ». *Ibid.*, p. 416. Le premier *Dialogue* (*O.C.*, Pléiade, t. I, p. 687) reprend à peu près l'expression du premier *Discours*.

2. « On allait, dit-on, aux aultres villes de Grèce chercher des rhétoriciens, des peintres et des musiciens; mais en Lacédémone, des législateurs, des magistrats, et empereurs d'armée : A Athènes on apprenoit à bien dire, et icy à bien faire. » MONTAIGNE, *Essais*, l. I, ch. xxv, éd. Villey, t. I, p. 183.

LETTRE A RAYNAL

P. 55

1. Cette lettre à Raynal a paru dans le *Mercure* de juin 1751, 2ᵉ volume, en même temps que les *Observations* auxquelles elle répondait et qui très probablement étaient de Raynal lui-même. Rousseau, qui y tenait, entendait qu'elle fût comprise dans ses Œuvres. Cf. *C.G.*, t. IX, p. 73; t. XI, p. 194, deux passages de lettres à Duchesne (1763, 1764) où il lui demande de ne pas la négliger, puis lui reproche son omission. Il avait pris soin de la faire copier. L'original est perdu. Cette lettre figure dans le recueil de Mevius (1753) et ne reparaît que dans l'édition de 1782.

Raynal, lié d'amitié avec Rousseau dès avant la publication du premier *Discours*, venait de prendre en main la rédaction du *Mercure*. Il lui communiqua ses *Observations* avant de les faire imprimer : *Observations* et *Réponse* ont ainsi paru dans le même numéro du *Mercure*. Les phrases citées par la *Lettre* contiennent toute la substance des *Observations*.

2. *faire main basse. Dict. Acad.*, 1740, 1762 : « On dit *Faire main basse* pour dire tuer, passer au fil de l'épée ». — En 1798 seulement, on ajoute : critiquer sans ménagement. Le sens moderne de prendre, piller n'est pas relevé par les dictionnaires des xviiᵉ et xviiiᵉ siècles bien que Regnard ait employé le mot en ce sens (dans le *Légataire universel*, acte III, sc. ii).

P. 56

1. C'est dans la réponse à Stanislas que sa position religieuse se précisera. Il opposera les *Apôtres* aux *Pères* trop « savants ».

2. Postérieurement aux discours, Rousseau avait commencé à écrire sur les *Richesses*. Ses notes ont été publiées par F. Bovet en 1853.

3. Quelles sont les mesures pratiques, les règlements à préconiser pour parer au désordre qui résulte du trop grand nombre de savants et d'artistes et du trop petit nombre de paysans ? Quelles réformes individuelles faut-il envisager et favoriser ? Rousseau promet que la réponse au roi de Pologne, sur ce point, donnera satisfaction.

P. 57

1. *Osselets* : des jouets, des jeux.

2. L'adversaire est probablement Gautier. Voir la *Lettre à M. Grimm.*

3. *Tel qu'il puisse être.* Condamné par Vaugelas. Les exemples sont nombreux toutefois au XVIIᵉ siècle et au XVIIIᵉ siècle (HAASE, *Syntaxe française du XVIIᵉ siècle*, § 45 ; — F. BRUNOT, *Histoire de la langue française*, t. VI, p. 1441.)

OBSERVATIONS
(Réponse à Stanislas)

P. 59

(a) Sur la page de garde, Ms. R. 89 ajoute : *Au Roy de Pologne*, duc de Lorraine, et p. 1 en note : *L'ouvrage du roi de Pologne étant d'abord anonyme et non avoué par l'Auteur, m'obligeait à lui laisser l'incognito qu'il avoit pris ; mais ce prince ayant depuis reconnu publiquement ce même ouvrage, m'a dispensé de taire plus longtemps l'honneur qu'il m'a fait.* Une autre note ajoute que cet ouvrage sera imprimé dans le premier volume de supplément au recueil des écrits de M. Rousseau.

1. Le roi Stanislas (1684-1766) voulait ajouter à son titre de *Bienfaisant* celui de *Philosophe* (J. VIER, *Revue d'histoire littéraire*, juillet 1926). L'académie qu'il patronnait (1750-1766) avait une tendance philosophique contenue ou gênée par le confesseur du monarque, le P. de Menoux. Selon Maugras, le roi parlait incorrectement le français et l'écrivait mal (*Les dernières années du Roi Stanislas*, Paris, 1906, p. 201, note). Le P. de Menoux a probablement mis la main à la réfutation. Rousseau en était sûr. On peut inférer d'une phrase de Grimm (*Correspondance littéraire*, t. II, pp. 105-106) que Solignac, le secrétaire du duc, en a revu le style. Un manuscrit autographe de Stanislas aurait été remis à la reine de France sa fille (annotations de Lenieps dans un exemplaire des *Observations* — Bibliothèque de Genève, E 1829). Le même Lenieps nous apprend que Rousseau « avoit reçu la réponse à son discours de l'Anonime même », qu' « il auroit pu en faire trophée » mais qu'il garda le silence si

ce n'est auprès de quelques amis — qu'il envoya ses *Observations* avant de les faire imprimer au roi qui en fut « très satisfait » et « le fit témoigner à l'auteur ». Quelques lignes au crayon (Ms. Neuchâtel n° 7854) indiquent que Rousseau connaissait l'auteur de la réfutation : « Je prévois qu'un jour le ton de ce[tte reponse] (biffé et remplacé par : petit ouvrage) excitera la curiosité des Lecteurs; quel est [donc] (biffé) dira-t-[on] (déchirure) [cet adversaire] auquel on parle avec tant de respect et de fermeté, auquel on témoigne une si grande estime et si peu de crainte de lui déplaire; après la réponse, on ajoutera sans doute : le Citoyen de Geneve, osa lui dire la vérité et malheureusement pour les Peuples, ce n'est pas à moi que ce discours fera le plus d'honneur ». La note flatteuse qui précédait la Réponse de Stanislas dans le *Mercure* de septembre 1751 dévoilait à demi l'Anonyme. Raynal était-il des quelques amis à qui Rousseau avait révélé le nom de l'auteur ? (« Nous sommes fâchés qu'il ne nous soit pas permis de nommer l'Auteur de l'ouvrage suivant. Aussi capable d'éclairer que de gouverner les peuples, aussi attentif à leur procurer l'abondance des biens nécessaires à la vie que les lumières et les connoissances qui forment à la vertu, il a voulu prendre en main la deffense des Sciences », etc.)

Rousseau a-t-il communiqué sa réponse au roi avant de la faire imprimer, comme le dit Lenieps ? Rousseau écrit à Perdriau (le 28 nov. 1754. *C.G.*, t. II, p. 134) : « Quand je répondis au Roy de Pologne, je devois, selon eux [les censeurs] lui envoyer mon Manuscrit et ne le publier qu'avec son agrément : c'étoit, prétendoient-ils, manquer de respect au Père de la Reine que de l'attaquer publiquement, surtout avec la fierté qu'ils trouvoient dans ma réponse, et ils ajoûtoient même que ma sureté exigeoit des précautions; je n'en ai pris aucune; je n'ai point envoyé mon Manuscrit au Prince: je me suis fié à l'honnêteté publique, comme je fais encore aujourd'hui et l'événement a prouvé que j'avois raison. » — « Je n'ai point envoyé mon Manuscrit au prince ». La déclaration est nette. Elle exclut, semble-t-il, la distinction entre l'envoi du manuscrit au prince et la demande d'un permis d'imprimer à laquelle l'on pourrait recourir pour concilier les deux témoignages. Les *Confessions* (*O.C.*, Pléiade, t. I, pp. 365-366) laissent supposer que d'une part l'*incognito* n'existait pas, que d'autre part Stanislas n'a pas lu les *Observations* avant leur publication. Quant au mot qu'il aurait prononcé après leur lecture : « j'ai mon compte, je ne m'y frotte plus », on peut douter de son authenticité.

P. 60

1. Cette concession au point de vue théologique, avec une brève allusion à une philosophie de la participation n'a qu'un intérêt spéculatif. Rousseau entend se tenir sur le terrain de l'histoire ou des faits qui prouvent, selon lui, que l'esprit borné de l'homme et ses passions l'empêchent de monter au-delà de la connaissance de soi et de ses devoirs.

P. 61

1. *faire à la question :* servir à, se rapporter à la question pour l'élucider. Cf. *Dict.* Littré à *faire* nº 65.

2. Le Panégyrique de Trajan.

P. 62

(a) Ms. R. 89 : ... *peuple libre. Pour que je prisse plaisir à vos louanges disoit l'empereur Julien à ses courtisans qui vantoient sa justice, il faudroit que vous osassiez dire le contraire, s'il étoit vrai.*

1. Rousseau travaille simultanément à réfuter Stanislas et Gautier.

2. D'après QUINTE CURCE, *Histoire d'Alexandre,* avec les suppléments de Freinsheim, traduit par Vaugelas, éd. de 1696, pp. 121-122, les Éphésiens refusèrent d'inscrire le nom d'Alexandre dans leur temple comme donateur, lui remontrant qu'il ne convenait pas qu'il consacrât quelque chose aux dieux, étant dieu lui-même. Mais ils y placèrent un tableau d'Apelle qui le représentait tenant un foudre à la main. Cf. MONTAIGNE, *Essais,* l. I, ch. XLII, éd. Villey, t. I, p. 334, et les *Apophtegmes* de Plutarque, t. XV, p. 294 (éd. 1802).

3. MONTAIGNE, *Essais,* l. I, ch. XLII : « Ses courtisans louoient un jour Julien l'empereur de faire bonne justice : « Je m'enorgueillirois volontiers, dit-il, de ces louanges, si elles venoient de personnes qui osassent accuser ou meslouer mes actions contraires, quand elles y seroient » (éd. Villey, t. I, p. 340).

4. La formule du sujet proposé par l'Académie, la récompense qu'elle décerna au P. Courtois, professeur de rhétorique au collège des Godrans à Dijon, dont la thèse s'oppose à celle de Rousseau, montrent son intention de censurer l'Académie de Dijon. (M. BOUCHARD, *De l'Humanisme à l'Encyclopédie,* 1929, p. 617). Dès la fin de 1750, lors de sa réception, le comte de Bissy avait fait dans « sa harangue misérable » (*Journal* de Collé, p. 330) une allusion réprobatrice au discours sur les Sciences... (*Mercure,* févr. 1751).

P. 63

(a) Ms. R. 89 supprime dans le texte même : *à peine.*

1. SAINT AUGUSTIN, *De Doctrina Christiana,* l. II, ch. XL, s'inspirant de l'*Exode,* III, 22 et XII, 35, demande que les écrivains chrétiens utilisent à des fins chrétiennes les vérités de la sagesse païenne comme les Israélites dérobèrent aux Égyptiens des vases d'or et d'argent, des vêtements précieux pour de plus saints usages.

P. 64

(a) Ms. R. 89 : *égayer.*
(b) Ms. R. 89 ajoute : *Non enim nos Deus ista scire sed tantum modo uti voluit.* Dieu n'a pas voulu que nous connaissions ces choses mais que nous en ayons l'usage. Montaigne, l. II, ch. XII des *Essais,*

soutient de cette phrase du *De Divinatione*, I, § xviii, son scepticisme nonchalant et confiant qui n'est pas de la nuance des refus
véhéments de Jean-Jacques. Cicéron, en écrivant que Dieu nous
dérobe le secret de la nature (la cause des événements) veut que
nous en fassions notre profit; il prend la défense de l'art des devins,
art utile et mystérieux (éd. Villey, t. II, p. 374).

P. 65

(a) Dans Ms. R. 89 le bas de la page a été supprimé d'un coup
de ciseaux; le texte s'arrête à : *le mot impie d'Al.* Est tombée aussi la
note : *C'est une mauvaise marque*, etc. L'édition de 1782, après
était réservé, ajoute : *Tandis que la savante Grèce étoit pleine d'athées,
Elien remarquoit* (*Var. Hist.*, Liv. 2 ch. 31) *que jamais barbare n'avoit
mis en doute l'existence de la divinité. Nous pouvons remarquer de même
aujourd'hui qu'il n'y a dans toute l'Asie qu'un seul peuple lettré, que plus
de la moitié de ce peuple est athée, et que c'est la seule nation de l'Asie
où l'athéisme soit connu.*

1. Allusion au cartésianisme.
2. « Il [Alphonse X] osa dire que si Dieu lui eût fait l'honneur de
l'y appeler [à la création du monde] il lui auroit donné de bons
conseils ». MORERI, *Dictionnaire*, art. « Alphonse X ». BAYLE,
Dictionnaire, art. « Castille » fait une longue remarque sur ce mot
impie avec références à des ouvrages que connaissait Rousseau.
On ne sauroit préciser où celui-ci l'a pu cueillir.

P. 66

(a) Ms. R. 89 : *sottises.*

1. Les *Observations* ajoutent au *Discours* que la conscience doit
être soustraite aux tentations comme aux passions. Rousseau fait
glisser la puissance perverse de l'intérieur (l'individu) à l'extérieur
(la société). *Émile* insistera sur l'aspect négatif, primordial, de l'éducation pour favoriser l'innocence spontanée de l'enfant et de l'adolescent. Les passions elles-mêmes n'interviennent comme agents
perturbateurs que par l'effet d'un développement aberrant en
milieu social. A remarquer la prudence ici prêchée.
2. Le peuple suisse. En juin 1752, Iselin, chez Grimm, rencontre
Rousseau à qui il rappelle l'égalité qui règne chez les Suisses.
Après les éclaircissements ou précisions de Grimm et d'Iselin,
toutefois, l'enthousiasme du Genevois « en exil » se tempère
(*Tagebuch* d'Iselin, p. 128).

P. 67

1. Dans le *Discours préliminaire à l'Encyclopédie*, d'Alembert
enveloppait sa critique d'éloges auxquels Rousseau ne fut pas
insensible (*C.G.*, t. II, p. 11). Comme objection d'Alembert se
contentait d'écrire : « Nous le prierons [J.-J. R.] d'examiner si la
plupart des maux qu'il attribue aux sciences et aux arts ne sont point

dus à des causes toutes différentes; dont l'énumération seroit ici aussi longue que délicate. Les lettres contribuent certainement à rendre la Société plus aimable; il seroit difficile de prouver que les hommes sont meilleurs, et les vertus plus communes, mais c'est un privilège qu'on peut disputer à la morale même. Et pour dire encore plus, faudra-t-il proscrire les loix parce que leur nom sert d'abri à quelques crimes, dont les auteurs seroient punis dans une république de sauvages ? Enfin quand nous ferions ici au désavantage des connoissances humaines un aveu dont nous sommes bien éloignés, nous le sommes encore plus de croire qu'on gagnât à les détruire : les vices nous resteroient, et nous aurions l'ignorance de plus » (éd. Picavet, p. 125).

Rousseau devait s'approprier l'idée exprimée aux dernières lignes (cf. R. Hubert, *Rousseau et l'Encyclopédie*, Paris, 1928, pp. 75-76).

2. « C'est la première fois qu'il est fait la moindre allusion aux *Institutions politiques* »... « la première fois aussi — laissant l'étiquette de « citoyen de Genève » — que le nom de Genève est lancé dans l'arène publique » (A. François, *Annales J.-J. R.*, t. XXX, p. 56).

P. 68

1. Stanislas a incité Rousseau à préciser sa position religieuse. Montaigne, comme Agrippa, le confirme dans l'idée d'une opposition du Christianisme à la Science. « Les chrétiens ont une particulière cognoissance, combien la curiosité est un mal naturel et originel en l'homme », etc. *Essais*, l. II, ch. XII, p. 227 du t. II de l'éd. Villey. Rousseau avait copié vingt-sept passages de l'ouvrage d'Agrippa, *De Incertitudine et vanitate scienticrum* dans une édition de 1643 (Ms. Neuchâtel n° 7842), cela après avoir donné le *Discours* mais avant les réponses aux réfutations (cf. Havens, Introduction à son édition, p. 72.)

P. 69

(a) Ms. R. 89 : *hypocrites.*

(b) Ms. R. 89 ajoute la phrase : *Les simples se faisaient chrétiens, il est vray mais les savans se moquaient d'eux, et l'on sait assez avec quel mépris St.-Paul lui-même fut receu des Atheniens. Les railleries...*

1. L'explication des persécutions *(les prêtres allarmés)* a d'abord une nuance assez voltairienne, mais non pas la suite. L'initiation de Rousseau à l'histoire de l'Église remontait à son enfance. Les *Confessions* (O.C., Pléiade, t. I, pp. 9 et 65) avancent une invraisemblance. L'ouvrage de Le Sueur comprend huit volumes; sa composition et sa rédaction ne favorisent pas sa mémorisation : il suit strictement la chronologie année par année. Comment Rousseau l'aurait-il pu savoir par cœur et mettre dans l'embarras par ses citations les religieux du San Spirito ?

P. 70

(a) Dans des notes préparatoires (Ms. Neuchâtel 7872), Rousseau avait écrit : *Justin plus zélé qu'éloquent... Tertullien acre et véhément orateur.*

1. DIOGÈNE LAËRCE, *Vies des philosophes,* Aristippe : « Il écarta l'amitié parce qu'elle n'était favorable ni aux ignorants ni aux savants... Il disait qu'il est raisonnable que l'homme prudent ne s'expose pas aux dangers par patriotisme; qu'il n'aille pas renoncer en effet à cette prudence pour le profit d'imbéciles. Il professait que le sage, quand c'est opportun, peut s'adonner au vol, à l'adultère comme au sacrilège. Rien, en vérité, n'est honteux de sa nature. Il fallait extirper selon lui une opinion née dans l'opinion populaire des sots et des naïfs... le sage franchement pouvait se rendre chez les courtisanes sans pour autant devenir suspect. » Se rappeler que Rousseau lit les Grecs en traductions latines ou françaises.

2. Cette diatribe contre les philosophes se rattache à une idée générale du *Discours :* sincérité, unité intérieure, adéquation du sentiment et de son expression. La « doctrine intérieure » sera plusieurs fois dénoncée par Rousseau notamment dans les *Confessions* (*O.C.,* Pléiade, t. I, p. 468), où elle se définit : *L'unique devoir de l'homme est de suivre en tout les penchans de son cœur.* A l'attribution à Pythagore de « la doctrine intérieure » M. Delaruelle, dans l'article déjà cité, ne voit aucune justification. Les textes de Plutarque expriment la piété du philosophe, non pas son athéisme. Peut-être faut-il se reporter à l'essai *D'Isis et d'Osiris* où Plutarque, avant d'insister sur les relations de Pythagore avec les Égyptiens, précise que les rois d'Égypte, après leur élection, étaient reçus en l'ordre de prêtrise et recevaient communication des secrets philosophiques, des mystères recouverts du voile des fables « sous des propos qui obscurément monstroient et donnoient à voir à travers la vérité » (Plutarque, éd. 1575, f° 319 G et 320 A). Sur la duplicité que suppose la « doctrine intérieure » et l'exemple qu'en fournirait Diderot, cf. l'étude de J. Fabre, dans *Diderot Studies,* t. III, Genève, 1961.

P. 71

1. Rousseau a copié dans Agrippa la phrase : *Ipse Aristotelis fatetur etiam Philosophos natura philomythos, hoc est fabularum studiosos esse* (Ms. Neuchâtel 7842). Aristote lui-même confesse que les philosophes eux aussi aiment naturellement les mythes, c'est-à-dire sont curieux de fables.

2. Rousseau a copié cette phrase d'Agrippa : *Omnia namque (ut ait Hieron) haereticorum dogmata sedem sibi et requiem inter Aristotelis et Chrysippi spineta reperierant :* Tous les dogmes des hérétiques, en effet (comme dit saint Jérôme), avaient cherché un fondement assuré entre les subtilités d'Aristote et de Chrysippe. Tout ce

passage (pp. 40-43), à quoi rien vraiment ne correspond dans le *Discours*, est important pour déterminer la position religieuse de Rousseau à cette époque, son souci de remonter à la source évangélique pure de toute « souillure » philosophique et théologique, son souci, moins accusé, de ne pas rompre avec le moralisme rationnel (sinon rationaliste) : « *de tous les miracles...* le plus frappant étoit la sainteté de leur vie = leurs vertus ». Il y aurait lieu de préciser l'étendue de ses lectures patristiques et la façon dont il les utilise. *L'Entretien avec Tryphon* oppose, en ses premières pages seulement, la sagesse de l'Écriture à la sagesse des philosophes. Ensuite c'est aux juifs qu'il s'adresse pour les convertir à la foi en l'incarnation (Jésus-Christ est Dieu). Saint Justin, du reste *(Apologies)*, reconnaît « les belles sentences » des philosophes et professe à l'égard de Socrate une religieuse admiration. C'est dans Tertullien surtout que Rousseau trouvait l'expression de plus de défiance à l'égard de la philosophie. Il renvoie à l'*Apologétique*. Ce sont les chapitres 39, 46, 47, vraisemblablement, qui appuieraient son propos (Ex. ch. 47 : « des hommes sortant des écoles des philosophes, ont corrompu les nouveaux livres des chrétiens en y interpolant avec leurs opinions particulières des dogmes philosophiques ». Le De *Praescriptionibus haereticorum* (ch. 4 à 7) offre des textes plus caractéristiques encore à ce sujet. Le *De Cultu Feminarum* (Ire partie, § VI; IIe partie, § VII, x) attaque le luxe, recommande la simplicité, le naturel, en des termes qui n'ont pas déplu à Jean-Jacques — s'il les a lus. Sans véritable intérêt pour la métaphysique des anciens (ou des modernes) Rousseau — tout le *Discours* le proclame — estime fort leurs moralistes (Plutarque, Sénèque, plus que tous autres), et exalte leurs vertus. Il reprochera aux Pères de l'Église leur mépris pour les vertus des païens et repoussera l'accusation d'orgueil portée contre les Socrate, Phocion, Anaxagore, Aristide, Caton, Fabricius (STRECKEISEN-MOULTOU, *Œuvres et Correspondance inédites*, p. 239). Il est regrettable que ce fragment et d'autres (surtout l'*Allégorie de la Révélation*) ne soient pas datés avec précision. Platoniciens (ou néo-platoniciens), aristotéliciens (il ne parle pas ici des stoïciens) représentent deux moments de l'histoire de la contamination du message évangélique par les idées philosophiques.

P. 72

1. BAYLE, *Dictionnaire*, art. « Grégoire Ier » (saint Grégoire le Grand). Remarque *M.* Le pape reprend aigrement Didier archevêque de Vienne « comme d'un grand crime de ce qu'il s'employait à enseigner à quelques uns de ses amis la grammaire et les lettres humaines et à leur expliquer les Poètes ». Diderot, dans ses *Pensées philosophqiues* (no XLIV), critique le zèle barbare de ce pontife contre les lettres et les arts. Il s'imaginait « qu'observer les règles de la grammaire c'étoit soumettre Jésus-Christ à Donat » (éd. Niklaus, pp. 29-30). Le ton n'est pas identique chez Rousseau et Diderot !

P. 73

(a) Ms. R. 89 ajoute en note : *Nôtre foi, dit Montaigne, ce n'eſt pas nôtre acquêt, c'eſt un pur présent de la libéralité d'autrui. Ce n'eſt pas par discours ou par notre entendement que nous avons receu nôtre Religion, c'eſt par autorité et par commandement étranger. La foiblesse de nôtre jugement nous y aide plus que la force, et nôtre aveuglement plus que nôtre clairvoyance. C'eſt par l'entremise de nôtre ignorance que nous sommes savans. Ce n'eſt pas merveille, si nos moyens naturels et terreſtres ne peuvent concevoir cette connoissance super-naturelle et céleſte : apportons-y seulement du nôtre l'obéissance et la subjeſtion : car, comme il eſt écrit : je détruirai la sapience des sages et j'abbattrai la prudence des prudens.* Ce passage de l'*Apologie de Raymond Sebond*, l. II, ch. XII des *Essais*, eſt au tome II, p. 230 de l'éd. Villey.

1. Le respeſt, l'amour qu'il a éprouvés pour l'*Évangile*, Rousseau ne les a jamais reniés. Il cite les *Observations* avec la *Lettre à d'Alembert*, *La Nouvelle Héloïse* et l'*Émile* dans la IVe *Lettre de la Montagne*, comme autant d'écrits respirant le même amour pour l'Évangile, la même vénération pour Jésus-Chriſt (*O.C.*, Pléiade, t. III, p. 768). Il ne faut pas soumettre le qualificatif *divin* à une exégèse trop exigeante. La notion de révélation objeſtive lui eſt dès lors probablement étrangère. Il emploie plus haut, cependant, l'expression « le peuple choisi de Dieu ».

P. 75

1. Rousseau a lu La Rochefoucauld et relu La Bruyère chez Mme de Warens (*Confessions, O.C.*, Pléiade, t. I, pp. 111-112). La maxime CCXVIII : « l'hypocrisie eſt un hommage que le vice rend à la vertu », l'avait-elle alors frappé particulièrement ? Il en donne ici une interprétation abusive. Le développement, sur le savoir, annonce l'apologie pour Alceſte (*Lettre sur les Speſtacles*). Songe-t-il à des personnages cornéliens en reconnaissant ce qu'il peut y avoir de *fier* et de *généreux* dans le crime des caraſtères élevés ? Il eſt difficile de mesurer le juſte poids du mot *prédeſtiné* ici. La phrase s'achève sur une expression imparfaitement accordée (« on auroit pu raisonnablement tenter la conversion »...) avec un prédeſtinationisme conséquent.

2. Le singulier n'a pas été corrigé dans Ms. R. 89. Difficile de voir le sujet dans hommage. Une bévue ?

P. 76

(a) Ms. R. 89, en note : *Le duc de la Rochefoucault.*

1. « Ce nom de *petits maîtres* qu'on applique aujourd'hui à la jeunesse avantageuse et mal élevée » serait né pendant la Fronde selon Voltaire (éd. Moland, t. XIV, p. 193). L'hiſtoire du mot a été reſtifiée et complétée par Frédéric Deloffre dans son édition du *Petit-Maître* de Marivaux (Paris, 1955).

P. 77

1. ... *qu'on nous dit qui*... Tour classique (A. Haase, *Syntaxe française*, § 39 F) repris de nos jours par Gide et d'autres.

2. *A la Chine* : en Chine, assez récent.

3. Cette dialectique qui va du général au particulier est une démarche de la pensée de Rousseau qu'on ne doit pas négliger. Elle est balancée du reste par un recours plus ou moins régulier aux faits et un retour constant à soi-même.

P. 78

(a) Ms. R. 89 : après une ligne indéchiffrable ajoute : *en 1751 j'ai prédit ce qui est arrivé* ; dans la marge : *Voyez le Timon de M. de Voltaire*. Le *Timon*, une facétie de deux pages, a été publié pour la première fois en 1756 dans les *Mélanges de Littérature, d'Histoire et de Philosophie*, sous le titre : *Sur le paradoxe que les sciences ont nui aux mœurs*. Louis Ducros, t. III, p. 89 de son *J.-J. Rousseau* le daterait volontiers de Potsdam et des soupers chez Frédéric II. La lettre du 30 août 1755, qui accuse réception du second *Discours*, se rapporte surtout au premier. Gonzague de Reynold a cru voir dans l'*Orphelin de la Chine* (composé en 1754) une critique de Rousseau (« Rousseau et ses contradicteurs », *Revue de Fribourg*, 1904).

1. L'expression n'est pas exagérée à en juger par la polémique qu'il a suscitée et dont on perçoit des échos jusqu'à la fin du siècle et même au-delà. En 1817 l'abbé Pierre-Toussaint Aillaud publie une brochure : *Jean-Jacques Rousseau dévoilé ou Réfutation de son Discours contre les sciences et les lettres* (Montauban, in-8° de 54 pages).

P. 79

(a) Ms. R. 89 : *Je ne nie pas à l'Auteur qu'il n'y ait*... Pour l'Académie (*Dict.*, 1762) *point* nie plus fort que *pas*. En ajoutant la négation dans la subordonnée à une principale négative, Rousseau cède peut-être à la pression de grammairiens plus catégoriques que l'Académie. Cf. Brunot, *Histoire de la langue française*, t. IV, pp. 1032, 1040 et t. V, pp. 1856-1862.

1. « Je savais qu'un Jésuite appellé le P. de Menou y avoit mis la main [à la réfutation]; je me fiai à mon tact pour démêler ce qui étoit du Prince et ce qui étoit du Moine, et tombant sans ménagement sur toutes les phrases jésuitiques, je relevai chemin faisant un anachronisme que je ne crus pouvoir venir que du Reverend » (*Confessions, O.C.*, Pléiade, t. I, p. 366).

P. 80

1. Voir plus haut le texte de d'Alembert et se reporter à la préface de *Narcisse*. Rousseau et d'Alembert ont même idée mais non pas même sensibilité, et leurs conceptions demeurent différentes, opposées.

2. Stanislas dont Rousseau savait qu'il était l'auteur de la réfutation. Il semble qu'une mutuelle sympathie ait uni Rousseau et son contradicteur. Celui-ci a bien pu écrire encore contre le second *Discours*. Il n'importe. Il aurait désiré que Jean-Jacques fût membre de son académie (*Confessions, O.C.*, Pléiade, t. I, pp. 366, 520). Il fut irrité de la comédie de Palissot, *Le Cercle,* où Rousseau était ridiculisé. Il fut « attendri, édifié » par la lettre de Rousseau qui demandait que Palissot ne fût pas inquiété. Cf. les lettres échangées à cette occasion entre M. de Tressan et Rousseau, *C.G.*, t. II, pp. 224 sq. Elles vont d'octobre 1755 à janvier 1756.

LETTRE A GRIMM

P. 83

(a) Dans Ms. R. 89, le nom de Grimm est remplacé par ★★★.

(b) Le Ms. 7872^b de Neuchâtel contient un brouillon très raturé de la lettre, dans une composition encore incertaine. La comparaison des textes permet d'entrevoir la méthode de travail de l'écrivain : il procède d'abord par saillies et phrases ou alinéas disjoints plutôt que par développement logique et continu. En cours de correction, la vivacité assez agressive ou sans aménité se tempère, non pas au point de faire taire les scrupules et les reproches de son ami Lenieps. Nous donnons quelques leçons caractéristiques :

Ms. :

j'ai lu avec plaisir...	devient en manière de compensation anticipée : *avec beaucoup de plaisir.*
... mes raisons...	*... mes objections...*
je ne puis me résoudre à croire...	*Je ne puis me persuader...*
Lisez ma conclusion et la sienne en l'un et l'autre ouvrage, si Dieu vous donne pour cela assez de patience et dites de bonne foy lequel est ou seroit (servit) (la) de reponse à l'autre.	*enfin lisez la conclusion de M. Gautier et la mienne et vous comprendrez ce que je veux dire.*

Le ton est différent !

1. Dans une lettre à Duchesne du 6 février 1763 (*C.G.*, t. IX, p. 74), Rousseau demande que soit supprimé le nom de Grimm. Depuis longtemps, aux relations d'intime amitié, nouées dans

l'été de 1749, ont succédé des sentiments de défiance réciproque, voire de haine. Au moment où il rédige sa réfutation de Gautier, Rousseau a resserré les liens qui l'unissent à son ami en l'assistant avec Raynal dans la plus étrange maladie (cf. *Confessions*, O.C., Pléiade, t. I, p. 370).

2. Professeur à Lunéville, membre de l'Académie qui vient d'être fondée par le roi Stanislas, le chanoine Gautier jouissait d'une certaine notoriété (*Mémoires de Trévoux*, janv. 1752, p. 137). Sa réfutation du *Discours* de J.-J. Rousseau avait paru dans le *Mercure* d'octobre 1751 avec l'indication : « Cette réfutation a été lue dans une séance de la société royale de Nancy. » L'approbation de la *Lettre* par Saint-Albine est datée du 23 octobre, la *Lettre* (après retouches ?) du 1er novembre. Pressé par le temps peut-être, et sans grande considération pour ce contradicteur, la réponse de Rousseau est plus hâtive que les *Observations* en réponse à Stanislas. « Il répond en disant qu'il ne répond pas », dit Gautier, (*Recueil...*, Mevius, t. I, p. 182).

3. « O Louis le Grand ! Quel seroit votre étonnement... » (Gautier, *Recueil...* Mevius, t. I, p. 148). « O Fabricius ! Qu'eût pensé votre grande âme... » (Rousseau). L'intention de parodier peut expliquer l'analogie du tour.

P. 84

(a) Ms. Neuchâtel 7872ᵇ : *Eh ! non, Monsieur Gautier, non pour la millième fois...*

(b) Ms. Neuchâtel : *C'est un des plus grands maux des arts, des belles lettres... elles* [les lettres] *énervent et effeminent dix mille hommes.*

1. Gautier ne recommande pas l'hypocrisie, mais « cette politesse qui fait tant d'honneur à notre siècle ». Rousseau comprend difficilement la distinction, parfois délicate. (*Recueil...* Mevius, t. I, pp. 129-130).

2. *je sçai... je sçais.* Cf. Brunot, *Histoire de la langue française*, t. IV, p. 713; t. VI, p. 1453; Nyrop, *Morphologie*, p. 93. Ce sont les poètes qui ont maintenu plus longtemps la forme sans s. Nyrop cite des exemples de V. Hugo...

3. Gautier : *... des Maupertuis et des Reaumur...* (*Recueil...* Mevius, 152). Rousseau substitue Fontenelle (qu'il connaît) à Maupertuis (qu'il ignore ?).

P. 85

(a) Ms. Neuchâtel 7872ᵇ : *En vain lui dirai-je que les peuples corrompus sont moins ceux qui ont de nouvelles Loix que ceux qui méprisent les Loix.* Cf. une autre page manuscrite d'une écriture plus grossière : *Si l'on me demandoit...* dans Streckeisen-Moultou, *Œuvres et Correspondance inédites*, p. 228.

(b) Ms. R. 89 : *... nous voilà dans les recherches...*

(c) Ms. Neuchâtel 7872ᵇ : *de critique*

1. « On avoue que Justin a fait un éloge magnifique des Scites, mais Hérodote », etc. (*Recueil...* Mevius, pp. 136-137). La phrase de Gautier ne prescrit rien.

P. 86

1. Sur les hésitations de l'usage concernant le participe en cette position, cf. F. BRUNOT, *Histoire de la langue française*, t. VI, p. 1722.

P. 87

(*a*) Ms. R. 89 : *je vois aussi.*

(*b*) Ms. Neuchâtel 7872ᵇ : *voilà ce qui me scandalise et que M. Gautier ne veut point voir.*

(*c*) Ms. Neuchâtel 7872ᵇ : *M. Gautier est surtout très-scandalisé...*

1. MONTAIGNE, *Essais*, l. I, ch. xxv, éd. Villey, t. I, p. 174.

P. 88

(*a*) Ms. Neuchâtel 7872ᵇ : *M. Gautier n'oublie pas l'inscription de la bibliothèque d'Osymandias. Si cet Osymandias avait mis le mot poison au lieu du mot remède il n'en auroit pas donné aux Philosophes plus mauvaise opinion de sa sagesse. Mais,* etc. ... ... *sans égard aux temperamens des malades...*

(*b*) Ms. R. 89 supprime un *m* dans le texte. Dans le Ms. de Neuchâtel 7872ᵇ, on lit : *aux tempéramens.* La faute est due, vraisemblablement, au prote.

1. « Quoique vous consacriez vos jours au service de la société, vous n'êtes pas dignes d'être savants et artistes ni même citoyens. Cette qualité est le partage des Paysans, et il faudra que vous cultiviez la terre pour la mériter. » (*Recueil...* Mevius, t. I, p. 147). Ce rappel ironique d'une idée de Rousseau exprime-t-il le mépris ?

2. Diodore de Sicile, l. I, ch. xlix. « Le premier de tous les peuples où on voie des bibliothèques est celui d'Égypte. Le titre qu'on leur donnait inspirait l'envie d'y entrer et d'en pénétrer les secrets : on les appelait le trésor des remèdes de l'âme. » (BOSSUET, *Discours sur l'histoire universelle*, p. 407, éd. Jacquinet). L'inscription ψυχῆς ἰατρεῖον était placée sur la bibliothèque d'Osymandias. Au chapitre xlvii, Diodore avait cité une autre inscription d'Osymandias plus prétentieuse. Voir *Discours* de Rousseau, *supra*, pp. 42-43.

P. 89

(*a*) Ms. Neuchâtel 7872ᵇ : *Et ce qu'il y a de singulier c'est que cet auteur qui prodigue la pompe oratoire dans une réfutation me reproche à moi de...*, etc.

P. 90

1. Sur Rousseau et le Stoïcisme voir les études de G. PIRE, *Annales J.-J. R.*, t. XXXIII (compte rendu, *ibid.*, t. XXXIV) et *Revue de littérature comparée*, 1958. La phrase de Rousseau ici ne

l'engage guère. Il conviendrait de remonter au *Verger de Madame de Warens* (O.C., Pléiade, t. II, p. 1124) : « Je m'exerce à marcher sur les pas de Caton », « D'Epictète asservi la stoïque fierté m'apprend à supporter les maux, la pauvreté » et à l'*Epître à Parisot* (*ibid.*, p. 1140), qui fait contraste : « Du Portique autrefois la triste austérité. A mon goût peu formé mêlait sa dureté », etc.

P. 91

(a) Cet alinéa n'est pas supprimé dans l'exemplaire annoté par Rousseau en vue de l'édition nouvelle (de 1782). Il a subsisté dans les éditions de 1756, 1764, 1769, mais il a été supprimé dans le recueil Mevius et dans une édition à peu près contemporaine de la première, dont un exemplaire à la Bibliothèque de Genève figure sous la cote E 424. On a essayé de remplir l'espace ainsi libéré en changeant le caractère de l'impression. On peut se demander si cette supression a été un effet momentané de l'intervention de Lenieps qui trouvait dans cette lettre « un peu de méchanceté ». Rousseau aurait promis d'en faire des excuses à Gautier dans un écrit suivant, soit quand il ferait imprimer la collection des pièces de la polémique suscitée par le premier *Discours*. (Cf. *Musées de Genève*, avril 1962). Si les lignes supprimées doivent être interprétées comme équivalant à un commencement d'excuses, la note qui termine la *Dernière Réponse,* postérieure de quelques mois à la *Lettre à Grimm,* ne montre pas une grande considération pour Gautier. En ce cas se trouverait quelque peu précisé le rapport de l'exemplaire sous cote E 424 et de l'exemplaire sous cote E 1829 où se trouve la note ms. de Lenieps. Le Ms. de Neuchâtel était plus vif : « M. Gautier me traitte partout avec une très grande politesse mais je soupçonne qu'il ne seroit pas fâché de devouer ma tête aux Dieux infernaux, tant il se montre ardent à me susciter des ennemis de toutes parts. »

(b) Ms. R. 89 : *aujourdui* (la correction est peut-être d'une autre main).

1. *Recueil...* Mevius, p. 127 : « Il ne s'agit pas ici de ces paradoxes littéraires... », etc. L'accusation n'est pas formulée par Gautier.

P. 92

(a) Ms. Neuchâtel 7872^b : *Quoiqu'il en soit je ne répliquerai point,* etc.

(b) Ms. Neuchâtel 7872^b : *pié à pié... et ce seroit très mal reconnoître les éloges dont M. Gautier m'honore et les éloges dont son ouvrage est rempli que...*

(c) Ms. Neuchâtel 7872^b : *mais n'ignoroit-il pas...*

(d) Ms. Neuchâtel 7872^b : *... connoissances et qui sait écrire : d'autres...*

1. Sur l'accord avec le sens, et non avec la forme, cf. F. BRUNOT, *Histoire de la langue française*, t. IV, p. 912. Dès le XVIIe siècle « *le*

soufflet à Ronsard sera de plus en plus sévèrement jugé », cf. *Dernière Réponse*, p. 77 : « En accordant donc que l'altération des loix et des mœurs ayent influé sur ces grands événemens... »

P. 93

1. Dans ses *Observations* auxquelles Rousseau ne répliqua pas, Gautier répond qu'il n'a eu aucune part à ce qu'on a dit dans la *Gazette* ou dans d'autres ouvrages de sa réfutation : « Si je voyois dans la *Gazette* un éloge de son ouvrage, je ne l'accuserois pas de l'y avoir fait insérer; je me contenterois de penser que ceux qui loue-roient la justesse de ses raisonnemens ont l'esprit faux ». (*Recueil...* Mevius, pp. 194-195.)

2. Le contexte détermine le sens de jurisprudence. Lois écrites... pratique juridique. Le mot n'est pas toujours défini de la même manière :

Furetière : *Science du droit, des coutumes, des ordonnances et de tout ce qui sert à rendre ou à faire rendre la justice.*

Richelet : *C'est une connaissance des choses divines et humaines et des choses qui sont justes et injustes.*

Rollin (*Histoire ancienne*) : *connaissance des lois.*

L'Académie en 1740, 1762 : *science du droit.*

Cf. Pascal, V, nº 294 : *Trois degrés du pôle renversent toute la juris-prudence.*

Dans sa réplique, Gautier se justifie : Aucun corps politique ne peut subsister sans lois, fût-il composé d'hommes justes. Ces lois il faut les connaître; la jurisprudence est donc nécessaire. La juris-prudence est connaissance des lois, nombreuses dans un grand État et susceptibles de plusieurs interprétations. — Jurisprudence est employé dans le sens de Furetière et comme chez Pascal. Voir la Réponse à Bordes, *in fine*.

DERNIÈRE RÉPONSE

P. 95

(a) Ms. R. 89 supprime à la page de garde : *de Genève* mais le maintient au titre précédant immédiatement le texte.

1. Cette réponse, qui n'est pas la dernière si la réponse à Lecat lui est quelque peu postérieure, a paru en avril 1752, à la suite du *Dis-cours sur les avantages des sciences et des arts* de Charles Bordes (cf. la note ms. figurant à la fin de l'exemplaire E 1829 conservé à la Bi-bliothèque de Genève). Le Discours que Charles Bordes avait tenu devant l'Académie de Lyon en juin 1751, avait paru une première fois dans le *Mercure* de décembre de la même année. En annonçant la réfutation et la réplique de Rousseau, le *Mercure* de mai 1752 écrivait de celle-ci qu'elle semblait supérieure à tout ce que l'écri-

vain avait écrit « sur l'importante question qui l'occupe depuis si longtemps », etc.

Rousseau se flattait, quelques semaines plus tard, dans une note de la réponse à Lecat, d'avoir observé dans sa polémique avec l'écrivain lyonnais, et à son instar, les règles de la discussion honnête, courtoise. C'est que Bordes était une ancienne relation nouée une dizaine d'années auparavant, depuis, il est vrai, négligée. Il lui avait adressé deux épîtres en vers dont la seconde préludait, de façon incertaine, au premier *Discours* en proclamant sa fierté républicaine et son indépendance plébéienne. Il y célébrait, toutefois, l'industrie lyonnaise, source de bien-être, de richesse, de luxe ! A la rapprocher de l'épître à Parisot, de la même époque à peu près, on se rend compte que la pensée de l'auteur était encore instable, indécise. Le passage des *Confessions* (*O.C.*, Pléiade, t. I, p. 366), se rapportant à Bordes, ainsi que le relève le commentaire, prête à confusion. Rousseau a répondu une fois seulement à Bordes, qui ne fut pas réduit au silence; on lira plus loin la préface d'une seconde lettre qui ne fut jamais écrite. Dès 1745, dans son discours de réception à l'Académie de Lyon, Bordes avait fait l'éloge des arts et des sciences. Peut-être avec ses amis avait-il initié Rousseau, quelques mois plus tôt, à la philosophie sceptique et libertine. Monarchiste, adversaire de l'égalitarisme, il devait dans la suite composer plusieurs pamphlets anonymes contre son ancien ami engagé dans la lutte contre les philosophes. Quoi qu'en disent les *Confessions*, il demeura étranger à tout complot, et son voyage à Londres, alors que Rousseau séjournait à Wooton, fut accompli le noir dessein que lui suppose Rousseau. Sur la considération de Rousseau pour Bordes voir la lettre de mai 1753 (*C.G.*, t. II, p. 43). Cf. A. RÜPLINGER, *Un Représentant provincial de l'esprit philosophique*, Lyon, 1915, et *Revue de l'histoire de Lyon*, sept.-oct. 1914; P. GROSCLAUDE, *La Vie intellectuelle à Lyon...*, Paris, 1933.

2. « Il ne se faut plus taire de peur que le silence ne semble dicté par la foiblesse et non pas par la discrétion », dit saint Cyprien dans son Opuscule contre Demetrianus. Le contexte de Cyprien précise que le silence a ses limites, et que l'aveu d'une faute ne saurait être confondu avec le mépris qu'on oppose aux accusations calomnieuses.

3. Pense-t-il à Duclos ? De fait, bien des passages des *Considérations sur les mœurs de ce siècle* (février 1751) rejoignent la pensée de Rousseau (fausse et véritable politesse — nécessité d'une éducation civique..., etc.).

P. 96

(a) Ms. R. 89 : *... je n'aye...*
(b) Ms. R. 89 : *illustre.*
(c) Ms. R. 89 ajoute : *quod malos boni oderint, bonos oportet esse.* La haine des hommes de bien pour les méchants est la preuve de leur honnêteté.

1. Le philosophe célèbre est Plutarque. *Œuvres morales. De l'Envie et de la Haine.* Cf. Montaigne, l. III, ch. xii, éd. Villey, t. III, p. 246. Comme l'a remarqué M. Pire (*Revue de littérature comparée*, 1958, p. 543) la source ici est bien Plutarque. Rousseau attribue, selon Plutarque, à un roi de Sparte, collègue de Charillus, le mot que Montaigne rapporte sans attribution précise (*on*). Il ajoute l'exemple de Brutus Lucius Junius, l'adversaire de la royauté. Cf. *supra*, p. 112. « Prenons l'exemple qui révolte le plus notre siècle », etc.

P. 97

(a) Ms. R. 89 ajoute : *on remarquera que je disais cela dès l'année 1752.*

1. « Melétos prenait à son compte la haine des poètes, Anytos celle des artisans et des hommes politiques, Lycon celle des orateurs » (*Apologie de Socrate*, p. 147 du tome I des *O.C.*, éd. Budé, traduction M. Croiset). Les artisans (δημιουργοί) du texte deviennent des artistes chez Jean-Jacques !

P. 98

1. Dès 1694, l'Académie française avait distingué quatre-vingts et quatre-vingt-dix. La distinction est très généralement observée au xviiie siècle (F. Brunot, *Histoire de la langue française*, t. IV, p. 693, t. VI, p. 1434).

P. 99

1. Duclos, au chapitre xi des *Considérations...*, oppose *monacal* à *monastique*. Chez Boileau (Satire sur l'*Équivoque*) *monacal* a déjà valeur dépréciative.

2. Dans le *Discours sur la Vertu la plus nécessaire aux héros,* réponse (non envoyée) à la question posée en 1751 par l'Académie de Corse, Rousseau conteste que l'héroïsme soit constitué essentiellement par le courage guerrier, la justice, la prudence ou la tempérance. Ce qui le constitue c'est la force de l'âme, la maîtrise de soi. Exemples et références accusent la nuance stoïcienne du discours, qualifié, du reste, de très mauvais par son auteur.

3. Cyrus ne voulut pas voir Panthée (Plutarque, *De la Curiosité*, § 13). Alexandre (*ibid.*) ne se présente pas devant la femme de Darius que l'on disait fort belle. Rousseau avait-il lu aussi Quinte Curce (trad. Vaugelas, p. 24, pp. 252 sq., éd. 1696) ? Je ne crois pas qu'il s'agisse ici de Scipion le Jeune, mais de Scipion l'Ancien qui, jeune encore, s'empara de Carthage la Neuve en Espagne. « Quelques soudards luy amenèrent une fort belle fille, qu'ils avaient prise prisonnière, et la lui offrirent; il leur répondit : Je la recevroye volontiers, si j'étais homme privé, et non pas capitaine général » (Plutarque-Amyot, *Apophtegmes* de Scipion l'Ancien, édition 1802, t. XV, p. 357). Delaruelle (*Revue d'histoire littéraire*, 1912,

p. 248, n. 3) : d'après l'*Essai historique sur la Bibliothèque du Roi* (Paris, 1782), le coffret du roi contenait un bouclier connu sous le nom de bouclier de Scipion et l'on affirmait qu'il lui avait été offert par les peuples espagnols.

4. *La Ville des Falisques fut subjugué*. Sur ce désaccord qui n'a pas été corrigé par Rousseau, cf. Haase, *Syntaxe française du XVIIe siècle*, § 94; F. Brunot, *Histoire de la langue française*, t. IV, p. 935.

P. 100

1. E. Ritter (*Annales J.-J. R.*, t. III) a analysé le dialogue (en latin) des Promotions de 1751. Rousseau était imparfaitement renseigné : le jeune interlocuteur du dialogue fait l'éloge du discours que vient de récompenser l'Académie de Dijon. C'est le professeur, Jacob Vernet, un quinquagénaire, qui s'applique à repousser poliment et consciencieusement l'attaque que « le très élégant écrivain » venait de faire subir aux « Saintes Muses ». A la même époque (août 1751) l'abbé Le Roi, professeur de rhétorique au collège du Cardinal Le Moine, tient un discours latin dans « les Ecoles de Sorbonne » à l'occasion de la distribution des prix, sur les avantages que les lettres procurent à la vertu (*Quantum litteris debeat virtus*). Ce discours, traduit aussitôt par le chanoine Boudet, ne nomme pas Rousseau (Bordes ne le nomme pas davantage), mais l'on ne saurait se méprendre sur sa visée. La Sorbonne ne restait donc pas insensible aux critiques formulées contre les écoles dispensatrices du savoir. L'année précédente (juillet et décembre 1750) en cette même Sorbonne, le jeune Turgot (il avait vingt-trois ans), après avoir fait l'éloge du christianisme et de son œuvre civilisatrice — et critiqué Lycurgue, avait exposé les progrès successifs de l'esprit humain, exalté la Renaissance : « Les Temps sont arrivés. Sors Europe, de la nuit qui te couvroit. Noms immortels des Médicis, de Léon X, de François Ier, soyez consacrés à jamais. » (*O.C.* de Turgot, éd. 1808, t. II, p. 87). L'on joindra à ces manifestations la joute oratoire organisée par Gottsched, doyen de la Faculté de philosophie de l'Université de Leipzig qui, en juillet 1751, avait publié dans la revue *Das Neueste aus der anmuthigen Gelehrtsamkeit* un article hostile à J.-J. Rousseau dont s'inspirèrent les jeunes orateurs. De la joute oratoire Rousseau eut connaissance probablement par Grimm. Il y fait allusion dans la préface de *Narcisse*. A. François, *Annales J.-J. R.*, t. XXXI, p. 47 et *O.C.*, Pléiade, t. II, pp. 959-960.

P. 101

1. ... *le progrès et la décadence des lettres est toujours*... Le *et* a signification disjonctive. Ce singulier du verbe *est* plus fréquent au XVIIe siècle qu'au XVIIIe. Une ligne plus haut les compléments l'emportent sur le nom (par attraction « ... l'altération des loix et des mœurs ayent... »). F. Brunot, *Histoire de la langue française*, t. IV, p. 919; t. VI, pp. 1713, 1715-1716. Cf. p. 68, n. 1.

P. 102

1. La conditionnelle *(Si les hommes sont méchants par nature ...)* n'est pas un aveu ou une concession. Rousseau indique simplement ici que la science multiplie le pouvoir de l'homme. Au cas où il serait méchant c'est la méchanceté qui se manifesterait plus puissante. Voir plus bas : « quoique l'homme soit naturellement bon, comme je le crois, et comme j'ai le bonheur de le sentir »...

2. Une fois de plus, Rousseau revient à l'idée de réserver la science, la culture, à une élite. Cf. la préface de *Narcisse* qui est de la fin de 1752 (*O.C.*, Pléiade, t. II, p. 970) : ... « quelques âmes privilégiées capables de résister à la bêtise de la vanité, à la basse jalousie et aux autres passions qu'engendre le goût des lettres...; c'est à eux seuls qu'il convient, pour le bien de tous, de s'exercer à l'étude ».

P. 103

1. Sur le luxe, cf. le *Discours*, ci-dessus pp. 10-11 et sur la misère paysanne, *ibid.*, p. 26. L'accent proprement révolutionnaire est sensible ici. La propriété est une affreuse invention et l'inégalité des conditions est dénoncée comme une flagrante injustice. Cette inspiration ou cette aspiration est cependant équilibrée chez Rousseau par un certain conservatisme ou mieux, un certain traditionalisme (*O.C.*, Pléiade, t. II, p. 971). « Le moindre changement dans les coutumes, fut-il même avantageux à certains égards, tourne toujours au préjudice des mœurs », etc. Le bonheur, selon Rousseau, demande stabilité et sécurité.

P. 104

1. Si le Ier *Discours* ne formule pas la thèse de la bonté naturelle, il n'y contredit pas. La *Dernière Réponse,* plus explicitement, annonce les textes qui la soutiendront (IIe *Discours, Émile*). Ce n'est pas la science qui est incriminée ici mais la « position », la constitution d'un peuple qui l'amène à la cultiver. La responsabilité des défaillances ou régressions morales est reportée des mauvais penchants de l'individu aux détestables préjugés de la société.

P. 105

1. Cette brève incursion dans l'histoire des religions est rendue possible grâce à CICÉRON, *De Divinatione*, l. I, ch. XLI : la divination n'a pas même été négligée chez les barbares. Les Mages chez les Perses, les Chaldéens chez les Assyriens, les druides chez les Celtes, remplissent cet office. Aux souvenirs de Cicéron se mêlent ceux de Diodore de Sicile pour Atlas, « excellent dans l'astrologie..., le premier il représenta le monde par une sphère », pour Zoroastre et Zamolxis qui « vantait aux Gètes... ses communications avec Vesta », (Diodore, l. II, ch. XXIV; l. III, ch. LX; l. I, ch. XCIV). C'est Strabon, au livre III, ch. 39, qui peut-être lui fournit l'in-

dication sur les gymnosophistes de l'Inde. Strabon est cité par Madame Dupin en marge d'un texte écrit par Rousseau (*Journal de Genève*, 26 avril 1958). On ne comprend pas la présence ici d'Ochus, surnom du roi de Perse Darius, enfant naturel d'Artaxerxès, si l'on en croit Ctésias. Il est possible qu'il ait trouvé ces renseignements rassemblés dans un ouvrage moderne, mais lequel ?

2. L'opposition héros/philosophes s'établit au bénéfice des premiers, hommes d'action, sans que soient méprisés assurément les seconds, penseurs qui pratiquèrent la « philosophie de l'âme » et furent soucieux d'arrêter la corruption.

P. 106

1. Le « militarisme » de Rousseau impose à tous les citoyens le devoir de porter les armes mais pour la seule défense de la liberté du pays. Il condamne le service mercenaire et l'armée de métier, mais en même temps toute guerre de conquête. Sur le service mercenaire, cf. *O.C.*, Pléiade, t. II, pp. 108, 233 de *La Nouvelle Héloïse*.

2. Rousseau corrige et complète l'expression de Bordes. On lit plus loin : « la raison et la vertu sont toujours oubliées ».

P. 107

(a) Ms. R. 89 : ... *qui ne devoit, dit-on, sa vertu...*

1. C'est déclarer la primauté de la morale, c'est-à-dire de la vertu et des plaisirs qu'elle procure. Rousseau ne songe pas à dissocier le bien et le bonheur mais l'entendement et la conscience morale. Plus loin : « la première fonction du Magistrat et du Souverain » est de rendre bons les citoyens, « moyen le plus court et le plus sûr de les rendre heureux. »

P. 108

(a) Ms. R. 89 : *ouvrez les yeux et sortez de votre aveuglement...*

P. 109

1. La syntaxe du participe donne lieu à bien des discussions entre grammairiens du xviiie siècle. Cf. F. Brunot, *Histoire de la langue française*, t. VI, p. 1723.

2. Comme l'a remarqué B. de Jouvenel (éd. *Contrat social*, p. 141) ce jugement sur Périclès est emprunté au *Gorgias* (t. III, IIe partie, p. 515ᵃ, *O.C.*, éd. Budé). Périclès fut mauvais politique, dit Socrate à Calliclès, puisqu'il n'a pas rendu les Athéniens plus justes et meilleurs citoyens.

P. 110

1. Montaigne, *Essais*, l. I, ch. xxxvi, éd. Villey, t. I, p. 297.

P. 111

(a) Ms. R. 89 : *en aient....*

1. La forme dubitative ne trompera personne. La susceptibilité du citoyen de Genève est froissée par « la hauteur » de ses contradicteurs. Son regard est tourné vers sa ville et vers la Suisse.

2. Cartouchien : voleur, formé sur Cartouche (1693-1721). Ferd. GOHIN, *Les transformations de la langue française pendant la deuxième moitié du XVIIIe siècle* (Paris, 1903) cite quelques exemples du XVIIIe siècle. Le mot n'a pas subsisté. Cf. *C.G.*, t. II, p. 317 : « ces deux brigands [Cartouche et César] ont vécu, et nous disons : Pourquoi les avoir laissés vivre ? » On songe au V. Hugo des *Châtiments*.

3. Curius (Manilius Curius) dans les *Apophtegmes des Romains* de Plutarque-Amyot (t. XV, éd. de 1802, p. 352) : « Les Samnites après qu'il les eut défaits en batailles envoyèrent devers luy pour luy présenter en don une bonne somme d'argent. Ils le trouvèrent autour de son foyer où il faisoit bouillir des naveaux dedans un pot : il feit response aux ambassadeurs Samnites, que celuy qui se contentoit d'un tel soupper n'avait que faire d'or, au reste que commander à ceux qui avoient de l'or luy sembloit plus honorable que d'en avoir. »

P. 112

1. SÉNÈQUE, *De Providentia*, § II : « C'est un spectacle digne du regard du dieu qui veille à l'œuvre de ses mains, spectacle d'un combat quasi divin que celui qui met aux prises un homme valeureux avec la mauvaise fortune. Je ne vois rien, dis-je, qui paraisse plus beau aux yeux de Jupiter quand il daigne le contempler, que ce spectacle de Caton qui, son parti complètement défait, parmi les ruines de l'État, reste debout. » Ce témoignage d'une admiration qui fut durable, suivi d'un plaidoyer en faveur du civisme impitoyable, cruel, s'accorde assez bien avec la potence imaginaire élevée à la frontière de la Nigritie (p. 90). Il y a là une disposition de l'esprit de Rousseau qu'on ne doit pas négliger, mais cette complaisance, pensons-nous, est plus spéculative que pratique. Elle est le fait d'une logique intempestive qui se traduit dans une image sur quoi Rousseau serait bien incapable de calquer son action.

P. 113

1. Brutus, consul, assiste au supplice de ses deux fils coupables de trahison. Il est curieux de voir Rousseau enchérir sur « la vertu », l'impassibilité et la cruauté civique des anciens. PLUTARQUE-AMYOT, *Collation abrégée d'aucunes histoires...* et *Vie des Hommes illustres*, t. XX, p. 80; t. IX, p. 95, éd. de 1803, rappelle les faits et oppose à Junius Brutus, Marcus Brutus, le meurtrier de César. Le second « ayant tempéré ses mœurs par la cognoissance des

lettres et par la raison apprise à l'école de la philosophie», et «ayant exercé son naturel qui de soy-mesme estoit doulx et grave à faire de grandes choses » lui semble « avoir été bien composé à la vertu »... Tite-Live, l. II, ch. v, veut que le premier ait laissé paraître quelque sentiment paternel au cours du supplice auquel sa fonction lui faisait un devoir d'assister *(eminente animo patrio inter publicae poenae ministerium)*.

2. Rousseau fait un texte continu de deux phrases de Suétone, *Vita Caesarum*, l. VIII, *Divus Titus*, § 1, § 7. « Simple particulier et même sous le principat de son père, il ne fut pas à l'abri de la haine, encore moins du blâme public. Mais cette mauvaise renommée tourna à son avantage et fit place aux plus grands éloges [quand on ne découvrit en lui aucun vice mais de rares vertus]. »

P. 114

1. Souvenir de Plutarque, *Œuvres morales : Que la Vérité se peut enseigner,* ou reflet de Montaigne, éd. Villey, t. I, p. 174, surtout pp. 188, 190.

P. 115

(a) Ms. R. 89 ajoute : *De sorte qu'un homme qui s'amuseroit au bord d'un grand chemin à tirer sur les passants pourroit dire qu'il occupe son loisir à se garantir de l'oisiveté. Je n'entends...*

1. Cf. préface de *Narcisse* (*O.C.*, Pléiade, t. II, p. 964, note). « Tout ce qui facilite la communication entre les diverses nations porte aux nues, non les vertus des autres mais leurs crimes, et altère chez toutes les mœurs qui sont propres à leur climat et à la constitution de leurs gouvernements. » De tels passages sont équilibrés par d'autres d'un humanisme moins clôturé !

2. Montaigne, *Essais*, l. III, ch. vi, éd. Villey, t. III, p. 170. Le roi de Mexico tombé aux mains des ennemis est soumis à la torture avec un de ses seigneurs. Celui-ci se tourne vers le roi, dans l'excès de ses souffrances, pour lui demander la permission de révéler aux ennemis le lieu des trésors qu'ils recherchent. Le roi le fixe d'un regard plein de reproche et « luy dict seulement ces mots d'une voix rude et ferme : Et moy, suis-je dans un baing ? suis-je pas plus à mon ayse que toy ? » Montaigne suit la chronique de Gomara. Le mot de Guatimozin est modifié par Rousseau *(Et moi, suis-je sur un lit de roses!)*. La biographie Didot dit, sans plus de précision, de cette dernière exclamation qu'elle est celle que l'on attribue généralement au roi.

3. L'Académie en 1740 définit *oisiveté* : « état de celui qui ne fait rien, qui n'a point d'occupation » et *loisir* : « état où l'on n'a rien à faire, où l'on peut disposer de son temps comme on veut ». En 1762, pour *loisir* elle fait tomber : « où l'on peut disposer... » et ajoute : « signifie aussi espace de temps suffisant pour faire quelque chose commodément ». J.-J. Rousseau feint l'embarras.

P. 116

1. Cette outrance oratoire ne saurait être interprétée comme une décision en faveur de l'instinct, de la vie animale contre la raison, la vie proprement humaine. Voir plus bas.

P. 117

(a) Ms. R. 89 : *que je n'aye...*

1. Un Hébert, un Lafrenaye, un Dulac, un Martin... Orfèvres et ébénistes qui, à cette date (vers 1750), jouissaient d'une renommée étendue. Hébert, joaillier, était fournisseur de la Cour. Cf. le *Künstler Lexikon* de Thieme et Becker. Lafrenaye s'appelle, dans les *Bijoux indiscrets* de Diderot, Frenicol. On disait Martin pour les frères Martin, ébénistes réputés (*Histoire de l'Art* de Michel, pp. 864-965 du t. VII²).

2. *Paucis est opus...* Un bon esprit n'a pas besoin d'une grande culture littéraire. La phrase est de SÉNÈQUE, *Epistulae morales,* CVI *in fine,* du moins est-ce une des leçons proposées. La citation est probablement prise directement dans CHARRON, *De la Sagesse,* l. III. ch XIV, p. 89 de l'éd. de Paris (1824). Rousseau cite Charron dans *Émile* (l. II), « un bon et sage prêtre » « dont la profession de foi apparemment n'eut pas été fort différente de celle du Vicaire Savoyard ». Le chapitre XIV du livre III *De la Sagesse* exprime des idées fort semblables aux siennes : « La sagesse vaut mieux que toute la science du monde, comme le Ciel vaut mieux que toute la terre »... « elles ne vont presque jamais ensemble »... « Il y a bien quelques exceptions en cecy, mais elles sont bien rares. Ce sont des grandes ames, riches, heureuses : il y en a eu en l'antiquité, mais il ne s'en trouve presque plus » (*op. cit.,* p. 87). « La science ne sert qu'à inventer finesses, subtilités, artifices, et toutes choses ennemyes d'innocence, laquelle loge volontiers avec la simplicité et l'ignorance. L'athéisme, les erreurs, les sectes et troubles du monde sont sortis de l'ordre des sçavans » (*op. cit.,* pp. 89-90). On sait que ce disciple de Montaigne copie ou paraphrase souvent son maître. Quand Rousseau l'a-t-il lu ? Mme de Créqui, avec qui il entre en relations en octobre 1751, lui a offert un exemplaire de l'ouvrage de Charron éd. 1618. (DUFOUR, *Recherches bibliographiques sur les Œuvres imprimées de J.-J. Rousseau,* t. I, p. 85). Dans *Émile,* il cite l'édition de 1601.

3. VIRGILE, *Énéide,* l. X, v. 108 : *qu'il soit Troyen ou Rutule...* C'est Jupiter qui déclare qu'il n'aura de préférence ni pour l'un ni pour l'autre.

4. S'il s'agissait d'une nouvelle réponse à Bordes, ce projet n'a pas été exécuté. Rousseau n'en a écrit que la préface.

P. 118

1. Cf. *Discours,* ci-dessus, p. 24, n. 3. Rousseau esquisse ici sa méthode d'éducation morale.

P. 119

1. Dans le *Discours* l'allusion à Melon était évidente mais il n'était pas nommé (ci-dessus, p. 20, n. 2). Le jugement est ici plus vif.

2. *physique* = selon la nature, *Dict. Acad.*, 1740, 1762 : « Physique est aussi adjectif et signifie naturel. »

3. La retouche ou la réserve est d'importance.

P. 120

1. *... jusqu'à de petites feuilles critiques faites pour l'amusement des jeunes gens...* Allusion très probable à Fréron et à ses *Lettres sur quelques écrits de ce temps.* Dans une lettre qu'il lui destinait mais qu'il n'a pas envoyée (*C.G.*, t. II, p. 56), Rousseau emploie les expressions : « vos petites feuilles », « jeunes barbouilleurs qui n'espérez vous faire un nom qu'aux dépends du mien ». De fait, il a dédaigné d'entrer en lutte avec un auteur qui, disait Gautier, contradicteur presque aussi dédaigné, « se fait tant d'honneur par ses ouvrages ». Fréron a persévéré dans l'attaque. De son article d'octobre 1751, où tout en s'inscrivant en faux contre la thèse du *Discours,* il reconnaissait les grands mérites de son auteur, aux articles suivants (avril, juin, septembre, novembre 1753) où il emploie un ton plus dur, une ironie malveillante, le changement est sensible; il ne saurait s'expliquer seulement par la lassitude ou l'énervement que lui cause une polémique qui se prolonge sans profit; peut-être est-il irrité de ce silence indifférent ou méprisant de Jean-Jacques. Dans une lettre du 27 décembre 1755 (à propos de l'affaire Palissot), Rousseau écrivait à d'Alembert : « A l'égard de Fréron... ce qu'il y a de bien certain, c'est que vôtre mépris l'eut plus mortifié que vos poursuites, et que, quel qu'en soit le succés, elles lui feront toujours plus d'honneur que de mal. » (*C.G.*, t. II, p. 226.)

L'on relèvera dans la lettre à Fréron de la fin 1753 (*C.G.*, t. II, p. 58) un passage qui limite la portée des critiques adressées aux lettres et aux gens de lettres : « Si tous les hommes étoient des Montesquieux, des Buffons, des Duclos etc., je désirerois qu'ils cultivassent tous les sciences, afin que le genre humain ne fut qu'une société de sages » et qui s'achève sur le trait : « mais vous, Monsieur, qui sans doute êtes si modeste puisque vous me reprochez tout mon orgueil, vous conviendrez volontiers, je m'assure, que, si tous les hommes étoient des Frérons, leurs livres n'offriroient pas des instructions fort utiles, ni leur caractère une société fort aimable. » Les articles de Fréron concernant Rousseau, des années 1751-1753, se trouvent aux tomes V, IX, XI, XII des *Lettres sur quelques écrits...* Sur Fréron, qui vaut mieux que sa réputation fabriquée par Voltaire surtout et les Encyclopédistes, on consultera le livre de François CORNOU, *Élie Fréron (1718-1776)*, Paris, 1922.

2. « On ne finiroit point si l'on rapportoit tous les endroits qui marquent les précautions qu'il [Rousseau] prend pour plaire à

tout le monde. » *Recueil...* Mevius, t. I, p. 183. Cf. Préface d'une
seconde lettre à Bordes : « Je ne vois pas pourquoi je craindrois
tant d'ennuyer des Lecteurs à qui je crains si peu de déplaire. » Alceste
pris pour Philinte, c'est une méprise, une ironie involontaire !
Gautier, dont les remarques historiques ne sont pas sans pertinence,
ne fait pas grand effort pour, dépassant la lettre, rejoindre l'esprit
de son adversaire. Plus avisé cependant que les académiciens de
Dijon, il avait dès le début pris ses distances au sujet de l'esprit de
liberté : « Je ne pourrois jamais me résoudre à dire aux Princes :
Aimez vos talens, protégez ceux qui les cultivent à cause que les
Sciences, les Lettres et les Arts étendent des guirlandes de fleurs sur
les chaînes de fer dont les Peuples sont chargés, étouffent en eux le
sentiment de cette liberté originelle pour laquelle ils sembloient
être nés, et leur font aimer leur esclavage. Je croirois déshonorer
les Princes, les Peuples et mon jugement. » (*Recueil...* Mevius, t. I,
p. 181.)

LETTRE A LECAT

P. 121

(a) Ms. R. 89 : *... très étonné...*

1. La « Lettre à Lecat » a vraisemblablement paru pour la première fois à Lyon, en 1752, sous forme d'une brochure de 7 pages
in-8°, s.l.n.d. (cf. *C.G.*, t. II, pp. 28-29). Dans l'exemplaire conservé
à la Bibliothèque de Genève (Ms. R. 89), Rousseau a écrit au-dessus
du titre : *Cette réponse regarde M. le Catt.*
Sur la première page de cet exemplaire, on a collé une note
découpée dans une édition des *Œuvres* de J.-J. Rousseau (publiée
chez M.-M. Rey, à Amsterdam, en 1772) où on lit : « L'ouvrage
auquel répond M. Rousseau est une brochure in-8° en deux colonnes
imprimée en 1751 et contenant 132 pages. Dans l'une de ces colonnes est le Discours de M. Rousseau qui a remporté le prix de
l'Académie de Dijon. Dans l'autre est une réfutation de ce Discours.
On y a joint des apostilles critiques et une réplique à la réponse faite
par M. Rousseau à M. Gautier. Cette réplique ainsi que la nouvelle
réfutation ne nous ont pas paru dignes d'être insérées dans le
Recueil des Œuvres de M. Rousseau. » La phrase finale corrigée à
la main devient : *... n'ont jamais paru dignes...*
2. Claude-Nicolas Lecat, secrétaire perpétuel de l'Académie des
Sciences de Rouen, était des contradicteurs de Rousseau celui
dont l'autorité scientifique était la mieux établie, mais il se dissimulait
derrière une fausse qualification académique. Il n'était pas membre
de l'Académie de Dijon. Celle-ci s'émut et publia un désaveu « au
sujet de la *Réfutation* attribuée faussement à l'un de ses membres ».
En réponse, Lecat, s'appuyant sur des exemples plus ou moins bien
(ou mal) choisis, n'y voulait voir qu' « une feinte, une ruse de

guerre qui n'a tout au plus que l'ombre du vice » (cf. ses *Observations* dans *Recueil*... Mevius, t. II, p. 170). Rousseau s'y trompa comme le montre le début de la lettre qui, de ce fait, manque son effet.

3. « Tout homme qui s'occupe des talens agréables veut plaire, être admiré, et il veut être admiré plus qu'un autre; les applaudissemens publics appartiennent à lui seul : je dirois qu'il fait tout pour les obtenir, s'il ne faisoit encore plus pour en priver ses concurrens. » (Préface de *Narcisse, O.C.*, Pléiade, t. II, p. 967.)

P. 122

(a) Ms. R. 89 : ... *discussions*...

P. 123

1. Cf. la réponse à Stanislas (ci-dessus, pp 59 sq.) et le commentaire.

2. Dans ses *Observations,* en réponse au désaveu de l'Académie de Dijon, Lecat (en août 1752) reconnaît qu'il n'a pas lu les cinq ou six pages à lui adressées par Rousseau, et il ne voit pas la nécessité de les lire (*Recueil*... Mevius, p. 180). Rousseau a parcouru la nouvelle réfutation d'un œil prévenu, et il y a apparence qu'il n'a pas pris connaissance des *Observations*.

3. *Recueil*... Mevius, t. II, pp. 23-24, Nembrod *(sic)* représente le tyran barbare. « Chaque particulier devient un Nembrod », etc. Et pp. 28 sq. : « N'allons pas chercher si loin des exemples de la barbarie ». Des villageois de la Thiérache ou de la Bretagne rassemblés à une fête de village pour danser vont bientôt devenir des combattants et des meurtriers. « Avez-vous une Ferme, une Terre dans ces Cantons policés ? Votre fermier en est autant propriétaire que vous-même. Il vous paye, il est vrai, le contenu de votre Bail, mais il ne vous laisse pas la liberté d'être encore mieux payé par un autre », etc. L'évocation du monde paysan n'est pas flattée, mais l'interprétation de Jean-Jacques (« l'Auteur est si occupé de ses terres, qu'il me parle même de la mienne »...) est une plaisanterie ou une altération évidente, peu loyale, du texte de Lecat.

P. 124

1. ... *bargneries*... néologisme. Ferd. GOHIN, *Les transformations de la langue française dans la deuxième moitié du XVIIIᵉ siècle*, p. 243, le cite comme tel avec ce seul exemple. Féraud, *Dict.* : « Ce mot est de l'invention de J.-J. Rouss. » 1787.

2. Le Discours de Bordes et la réponse de Rousseau. La note permet de dater approximativement la composition de la lettre à Lecat : la réponse à Bordes, alors sous presse, paraîtra en avril 1752. La lettre, assez brève, suivra d'assez près.

3. Clenard (Cleynaerts Nicolas), professeur de grec et d'hébreu à Louvain. Ses *Institutiones in linguam graecam,* et la *Nouvelle méthode* abrégée de Clenard eurent grand succès au XVIIIᵉ siècle encore.

« Je ne saurois passer à un Orateur aussi châtié et aussi poli que le
nôtre un terme latin de Clenard francisé. *Inveſtigatio thematis* ».
Lecat dans le *Recueil*... Mevius, t. II, p. 76.

4. HORACE, *Art poétique*, vv. 55-57. « Pourquoi me refuserait-on
ce privilège si je réalise quelque gain, alors que la langue de Caton
et d'Ennius a enrichi l'idiome national. »

P. 125

1. Le ton assez désinvolte ne saurait tromper. Non plus que le
rapprochement, fauteur de confusion, du *mal parler français* et de
la *mauvaise conduite*. Cf. plus bas, la note 3.

2. *Quid valeant humeri.* HORACE, *Art poétique*, v. 40. « [Prenez
un sujet] que vos épaules acceptent de porter. »

3. Sur *inveſtigation*, voir le *Discours*, ci-dessus, p. 18 et note. Il
faut se reporter à la préface de *Narcisse* plus explicite. « L'illumination » de Vincennes n'a pas fait de Rousseau un auteur — il
l'était déjà — mais un réformateur qui agit par l'écrit. La diſtinction
eſt pour lui d'importance. (*O.C.*, Pléiade, t. II, pp. 962, 972.) C'eſt
pourquoi il eſt sensible à la critique qui relève la contradiction
entre les sentiments qu'il professe et la vie qu'il mène, d'où sa
« réforme personnelle ». Il admet cependant que la « diversion
à la méchanceté des hommes » eſt aujourd'hui nécessaire : c'eſt à
quoi servent les sciences et les arts. Il faut amuser les peuples.
Amuseur ? Ce serait son droit. Mais prédicateur, réformateur, c'eſt
son vœu. La *Lettre à d'Alembert* parlera d'un art théâtral d'effet
moralement positif. L'échec de *Narcisse*, pour l'heure (décembre
1752), lui prouve qu'il eſt sans cet amour-propre qu'il a dénoncé
chez les auteurs.

P. 126

(a) Ms. R. 89 : ... *que dois-je penser...*

1. Reflet, probablement, de Descartes (contre les logiciens tra-
ditionnels), *Discours de la Méthode,, IIe partie.

2. Rousseau reprend l'opposition des « grands génies » et des
« hommes vulgaires ». Cf. *O.C.*, Pléiade, t. II, p. 970 (préface de
Narcisse) : « J'avoue qu'il y a quelques génies sublimes qui savent
pénétrer à travers les voiles dont la vérité s'enveloppe, quelques
âmes privilégiées capable de résiſter à la bêtise de la vanité », etc.
Lecat (*Recueil*... Mevius, t. II, p. 69) avouait ne pas voir « la
finesse de cette allégorie ». Cf. premier *Discours*.

3. « L'Egypte conquérante eſt l'Egypte barbare et féroce; ...
l'Egypte conquise eſt l'Egypte savante, civilisée, vertueuse, assaillie
par des peuples aussi barbares et aussi féroces, qu'elle l'étoit elle-
même autrefois. » (LECAT, *Recueil*... Mevius, t. II, p. 48).

PRÉFACE
D'UNE SECONDE LETTRE A BORDES

P. 127

1. Cette préface a été publiée par Streckeisen-Moultou dans : *Œuvres et correspondances inédites,* 1861. L'éditeur n'a pas respecté la graphie du manuscrit et a laissé passer quelques rares fautes de copie. Ce manuscrit est aujourd'hui conservé à la Bibliothèque de Genève : Ms. fr. 228. — Rousseau avait cru mettre un terme, en ce qui le concernait, à la polémique du *Discours.* Un instant il songea à répondre à Bordes qui à nouveau l'avait attaqué. Cette réplique de Bordes est en vente à Paris dès septembre 1753 (FRÉRON, *Lettres sur quelques écrits de ce temps,* t. XI, p. 198). Elle est postérieure à la préface de *Narcisse.* La *Correspondance littéraire* de Grimm (15 février 1754) reconnaît que malgré son mérite elle n'a fait aucune sensation à Paris par la raison qu'on se dégoûte en général de tout ce qui dure longtemps. Et Fréron *(op. cit.)* regrettait que se prolongeât « cette dispute éternelle », mais donnait du nouvel ouvrage une longue analyse approbatrice. Renseigné d'abord par Duclos, qui avait lu le second discours de Bordes et en pensait « très bien », Rousseau se félicite de le recevoir du seul adversaire qu'il a craint, ou plutôt du seul dont il ait espéré de nouvelles lumières *(C.G.,* t. II, p. 43). Après lecture, après avoir hésité à continuer la dispute, il s'arrêta à la préface, gagné par l'ennui peut-être, se rendant compte qu'il ne ranimerait pas plus que Bordes l'intérêt du public parisien. *(C.G.,* t. II, p. 45, une lettre malheureusement non datée à la marquise de Créqui; la date de la lettre à Bordes est sans doute inexacte.) Ce texte de Rousseau est de la fin de 1753 ou du début de 1754. Les circonstances ne sont guère favorables, et une nouvelle question de l'Académie de Dijon le sollicite; on s'explique qu'il n'ait pas écrit une seconde lettre à Bordes. La préface frappe par le ton singulièrement décidé. Le « système » paraît mieux dessiné dans l'esprit de Jean-Jacques plus sûr de son fait. Il songe à étendre son public, il s'adressera au peuple. Solitaire, retiré du monde, sa réflexion se veut orientée vers « le bonheur des autres ».

2. « Je me lasse et je pose la plume, pour ne plus reprendre dans cette trop longue dispute », disait la *Dernière Réponse,* mais cette sorte d'engagement ne saurait prévaloir quand son devoir de « réformateur » l'oblige à parler.

P. 129

1. Cf. les *Confessions* (*O.C.*, Pléiade, t. I, p. 437) et le commentaire. En août et septembre 1753, Maurice Quentin La Tour exposait

parmi d'autres portraits « un pastel représentant Rousseau assis sur
une chaise de paille ». Diderot le critiqua, n'y reconnaissant pas
« le censeur des lettres, le Caton et le Brutus de notre âge », etc.
(éd. Assezat et Tourneux, t. X des *O.C.*, p. 483).

2. *Il s'en faut beaucoup que je ne sois capable.* Streckeisen-Moultou a
supprimé à tort la négation. Cf. HAASE, *Syntaxe du XVIIe siècle*,
§ 103, p. 262. Les exemples abondent : « Il s'en faut bien que nous ne
connaissions nos volontés » (La Rochefoucauld). « Il s'en faut bien
que le crime ne soit égal » (Massillon).

3. *... laissant ma personne à quartier* = laissant... à l'écart. Des
exemples de cette expression aujourd'hui vieillie se trouvent
nombreux encore au XVIIIe siècle. *Dict. Acad.*, 1740 : *A quartier.*
« Façon de parler, adv. A part, à l'écart... » *Dict. Acad.*, 1762 supprime cette locution. Elle est reprise par Féraud. Cf. Littré, « Quartier », nº 28.

P. 130

1. « Système vrai mais affligeant ». « Triste et grand système ».
Les épithètes sombres s'appliquent aux faits présents qu'il dénonce,
non pas à la conclusion où il aboutit et que malgré tout il espère.
La « réforme » est possible qui rendra l'homme heureux (ou moins
malheureux). Notre esprit n'est pas à la mesure de l'univers, la
passion de connaître nous égare. Revenons à nous-mêmes pour
régler notre conduite, nos rapports avec autrui, garantis, favorisés
par des institutions justes. Le socratisme nouveau style est doublé
d'une volonté révolutionnaire qui l'anime, le renouvelle. Rousseau
exagère, c'est bien probable, le caractère concerté de sa démarche,
la prudence calculatrice grâce à laquelle il devait conquérir l'opinion. Il est peu vraisemblable que l'intuition de Vincennes l'ait mis
en possession du système — à exprimer progressivement. Il fut lui-
même soumis, sans doute, à la loi du développement. Les remarques
sur le style sont à retenir : substitution au discours diffus de formes
plus denses, concises. Elles concernent les réponses déjà, se justi-
fieront pleinement avec le *Contrat social*. L'exemple de Montesquieu,
probablement, n'y est pas étranger.

Introduction   9

DISCOURS SUR LES SCIENCES ET LES ARTS

Préface   27

   Discours   29
   Première partie   30
   Seconde partie   41

Lettre à M. l'abbé Raynal   55
Observations de J.-J. Rousseau, sur la Réponse à son Discours
   [Réponse à Stanislas]   59
Lettre de J.-J. Rousseau à M. Grimm   83
Dernière réponse de J.-J. Rousseau [à Bordes]   95
Lettre de J.-J. Rousseau sur une nouvelle réfutation
   de son Discours par Lecat   121
Préface d'une seconde lettre à Bordes   127

Notes et variantes   133

DANS LA COLLECTION FOLIO / ESSAIS

502 Pierre Hadot : *Le voile d'Isis (Essai sur l'histoire de l'idée de Nature)*.

503 Isabelle Queval : *Le corps aujourd'hui*.

504 Rémi Brague : *La loi de Dieu (Histoire philosophique d'une alliance)*.

505 George Steiner : *Grammaires de la création*.

506 Alain Finkielkraut : *Nous autres, modernes (Quatre leçons)*.

507 Trinh Xuan Thuan : *Les voies de la lumière (Physique et métaphysique du clair-obscur)*.

508 Marc Augé : *Génie du paganisme*.

509 François Recanati : *Philosophie du langage (et de l'esprit)*.

510 Leonard Susskind : *Le paysage cosmique (Notre univers en cacherait-il des millions d'autres ?)*

511 Nelson Goodman : *L'art en théorie et en action*.

512 Gilles Lipovetsky : *Le bonheur paradoxal (Essai sur la société d'hyperconsommation)*.

513 Jared Diamond : *Effondrement (Comment les sociétés décident de leur disparition et de leur survie)*.

514 Dominique Janicaud : *La phénoménologie dans tous ses états (Le tournant théologique de la phénoménologie française* suivi de *La phénoménologie éclatée)*.

515 Belinda Cannone : *Le sentiment d'imposture*.

516 Claude-Henri Chouard : *L'oreille musicienne (Les chemins de la musique de l'oreille au cerveau)*.

517 Stanley Cavell : *Qu'est-ce que la philosophie américaine ? (De Wittgenstein à Emerson, une nouvelle Amérique encore inapprochable* suivi de *Conditions nobles et ignobles* suivi de *Status d'Emerson)*.

518 Frédéric Worms : *La philosophie en France au XXᵉ siècle (Moments)*.

519 Lucien X. Polastron : *Livres en feu (Histoire de la destruction sans fin des bibliothèques)*.

520 Galien : *Méthode de traitement.*

521 Arthur Schopenhauer : *Les deux problèmes fondamentaux de l'éthique (La liberté de la volonté — Le fondement de la morale).*

522 Arthur Schopenhauer : *Le monde comme volonté et représentation I.*

523 Arthur Schopenhauer : *Le monde comme volonté et représentation II.*

524 Catherine Audard : *Qu'est-ce que le libéralisme? (Éthique, politique, société).*

525 Frédéric Nef : *Traité d'ontologie pour les non-philosophes (et les philosophes).*

526 Sigmund Freud : *Sur la psychanalyse (Cinq conférences).*

527 Sigmund Freud : *Totem et tabou (Quelques concordances entre la vie psychique des sauvages et celle des névrosés).*

528 Sigmund Freud : *Conférences d'introduction à la psychanalyse.*

529 Sigmund Freud : *Sur l'histoire du mouvement psychanalytique.*

530 Sigmund Freud : *La psychopathologie de la vie quotidienne (Sur l'oubli, le lapsus, le geste manqué, la superstition et l'erreur).*

531 Jared Diamond : *Pourquoi l'amour est un plaisir (L'évolution de la sexualité humaine).*

532 Marcelin Pleynet : *Cézanne.*

533 John Dewey : *Le public et ses problèmes.*

534 John Dewey : *L'art comme expérience.*

535 Jean-Pierre Cometti : *Qu'est-ce que le pragmatisme?*

536 Alexandra Laignel-Lavastine : *Esprits d'Europe (Autour de Czeslaw Milosz, Jan Patočka, István Bibó. Essai sur les intellectuels d'Europe centrale au XXᵉ siècle).*

537 Jean-Jacques Rousseau : *Profession de foi du vicaire savoyard.*

538 Régis Debray : *Le moment fraternité.*

539 Claude Romano : *Au cœur de la raison, la phénoménologie.*

540 Marc Dachy : *Dada & les dadaïsmes (Rapport sur l'anéantissement de l'ancienne beauté)*.

541 Jean-Pierre Luminet : *Le Destin de l'Univers (Trous noirs et énergie sombre) I*.

542 Jean-Pierre Luminet : *Le Destin de l'Univers (Trous noirs et énergie sombre) II*.

543 Sous la direction de Jean Birnbaum : *Qui sont les animaux ?*

544 Yves Michaud : *Qu'est-ce que le mérite ?*

545 Luc Boltanski : *L'Amour et la Justice comme compétences (Trois essais de sociologie de l'action)*.

546 Jared Diamond : *Le troisième chimpanzé (Essai sur l'évolution et l'avenir de l'animal humain)*.

547 Christian Jambet : *Qu'est-ce que la philosophie islamique ?*

548 Lie-tseu : *Le Vrai Classique du vide parfait*.

549 Hans-Johann Glock : *Qu'est-ce que la philosophie analytique ?*

550 Hélène Maurel-Indart : *Du plagiat*.

551 Collectif : *Textes sacrés d'Afrique noire*.

552 Mahmoud Hussein : *Penser le Coran*.

553 Hervé Clerc : *Les choses comme elles sont (Une initiation au bouddhisme ordinaire)*.

554 Étienne Bimbenet : *L'animal que je ne suis plus*.

555 Sous la direction de Jean Birnbaum : *Pourquoi rire ?*

556 Tchouang-tseu : *Œuvre complète*.

557 Jean Clottes : *Pourquoi l'art préhistorique ?*

558 Luc Lang : *Délit de fiction (La littérature, pourquoi ?)*.

559 Daniel C. Dennett : *De beaux rêves (Obstacles philosophiques à une science de la conscience)*.

560 Stephen Jay Gould : *L'équilibre ponctué*.

561 Christian Laval : *L'ambition sociologique (Saint-Simon, Comte, Tocqueville, Marx, Durkheim, Weber)*.

562 Dany-Robert Dufour : *Le Divin Marché (La révolution culturelle libérale)*.

563 Dany-Robert Dufour : *La Cité perverse (Libéralisme et pornographie)*.

564 Sander Bais : *Une relativité bien particulière… précédé de Les équations fondamentales de la physique (Histoire et signification)*.

565 Helen Epstein : *Le traumatisme en héritage (Conversations avec des fils et filles de survivants de la Shoah)*.
566 Belinda Cannone : *L'écriture du désir*.
567 Denis Lacorne : *De la religion en Amérique (Essai d'histoire politique)*.
568 Sous la direction de Jean Birnbaum : *Où est passé le temps ?*
569 Simon Leys : *Protée et autres essais*.
570 Robert Darnton : *Apologie du livre (Demain, aujourd'hui, hier)*.
571 Kora Andrieu : *La justice transitionnelle (De l'Afrique du Sud au Rwanda)*.
572 Leonard Susskind : *Trous noirs (La guerre des savants)*.
573 Mona Ozouf : *La cause des livres*.
574 Antoine Arjakovsky : *Qu'est-ce que l'orthodoxie ?*
575 Martin Bojowald : *L'univers en rebond (Avant le big-bang)*.
576 Axel Honneth : *La lutte pour la reconnaissance*.
577 Marcel Gauchet : *La révolution moderne (L'avènement de la démocratie I)*.
578 Ruwen Ogien : *L'État nous rend-il meilleurs ? (Essai sur la liberté politique)*.
579 Gilles Cohen-Tannoudji et Michel Spiro : *Le boson et le chapeau mexicain (Un nouveau grand récit de l'univers)*.
580 Thomas Laqueur : *La Fabrique du sexe (Essai sur le corps et le genre en Occident)*.
581 Hannah Arendt : *De la révolution*.
582 Albert Camus : *À « Combat » (Éditoriaux et articles 1944-1947)*.
583 Sous la direction de Jean Birnbaum : *Amour toujours ?*
584 Jacques André : *L'Imprévu (En séance)*.
585 John Dewey : *Reconstruction en philosophie*.
586 Michael Hardt et Antonio Negri : *Commonwealth*.
587 Christian Morel : *Les décisions absurdes II (Comment les éviter)*.
588 André Malraux : *L'Homme précaire et la Littérature*.
589 François Noudelmann : *Le toucher des philosophes (Sartre, Nietzsche et Barthes au piano)*.

590 Marcel Gauchet : *La crise du libéralisme. 1880-1914 (L'avènement de la démocratie II)*.

591 Dorian Astor : *Nietzsche (La détresse du présent)*.

592 Erwin Panofsky : *L'œuvre d'art et ses significations (Essais sur les « arts visuels »)*.

593 Annie Lebrun : *Soudain un bloc d'abîme, Sade*.

594 Trinh Xuan Thuan : *Désir d'infini (Des chiffres, des univers et des hommes)*.

595 Sous la direction de Jean Birnbaum : *Repousser les frontières ?*

596 Vincent Descombes : *Le parler de soi*.

597 Thomas Pavel : *La pensée du roman*.

598 Claude Calame : *Qu'est-ce-que c'est que la mythologie grecque ?*

599 Jared Diamond : *Le monde jusqu'à hier*.

600 Lucrèce : *La nature des choses*.

601 Gilles Lipovetsky, Elyette Roux : *Le luxe éternel*.

602 François Jullien : *Philosophie du vivre*.

603 Martin Buber : *Gog et Magog*.

604 Michel Ciment : *Les conquérants d'un nouveau monde*.

605 Jean Clair : *Considérations sur l'État des Beaux-Arts*.

606 Robert Michels : *Sociologie du parti dans la démocratie moderne*.

607 Philippe Descola : *Par-delà nature et culture*.

608 Marcus du Sautoy : *Le mystère des nombres (Odyssée mathématique à travers notre quotidien)*.

609 Jacques Commaille : *À quoi nous sert le droit ?*

610 Giovanni Lista : *Qu'est-ce que le futurisme ? suivi de Dictionnaire des futuristes*.

611 Collectif : *Qui tient promesse ?*

612 Dany-Robert Dufour : *L'individu qui vient (… après le libéralisme)*.

613 Jean-Pierre Cometti : *La démocratie radicale (Lire John Dewey)*.

614 Collectif : *Des psychanalystes en séance (Glossaire clinique de psychanalyse contemporaine)*.

615 Pierre Boulez (avec Michel Archimbaud) : *Entretiens*.

616 Stefan Zweig : *Le Monde d'hier*.

617 Luc Foisneau : *Hobbes (La vie inquiète)*.

Composition Traitext
Impression Novoprint
à Barcelone, le 20 janvier 2017
Dépôt légal : janvier 2017
1ᵉʳ dépôt légal dans la collection : décembre 1996

ISBN 978-2-07-032968-7./ Imprimé en Espagne.